I0224997

137**GESCHWINDIGKEITS**-UND **KOORDINATIONSÜBUNGEN**FÜR**GITARRE**

Bahnbrechende Gitarrentechnik-Strategien für Synchronisation, Geschwindigkeit und Übungsroutinen

CHRIS**BROOKS**

FUNDAMENTAL**CHANGES**

137 Geschwindigkeits- und Koordinationsübungen für Gitarre

Bahnbrechende Gitarrentechnik-Strategien für Synchronisation, Geschwindigkeit und Übungsroutinen

Veröffentlicht von **www.fundamental-changes.com**

ISBN: 978-1-78933-403-6

Urheberrecht © 2022 Christopher A. Brooks

Herausgegeben von Tim Pettingale

Übersetzt von Daniel Friedrich

Das moralische Recht dieses Autors wurde geltend gemacht.

Alle Rechte vorbehalten. Kein Teil dieser Veröffentlichung darf ohne vorherige schriftliche Genehmigung des Herausgebers in irgendeiner Form oder mit irgendwelchen Mitteln vervielfältigt, in einem Datenabrufsystem gespeichert oder übertragen werden.

Der Herausgeber ist nicht verantwortlich für Websites (oder deren Inhalt), die nicht im Besitz des Herausgebers sind.

www.fundamental-changes.com

Über 10.000 Fans auf Facebook: **FundamentalChangesInGuitar**

Facebook: **ChrisBrooksGuitar**

Instagram: **FundamentalChanges**

Instagram: **chrisbrooksguitarist**

Über 350 kostenlose Gitarrenlektionen mit Videos finde**st du unter**

www.fundamental-changes.com

Titelbild Copyright: Shutterstock, Tongra Jantaduang

Inhalt

Einführung

Willkommen zu meinem Buch über Synchronisation und Geschwindigkeit für Gitarre. Wenn du schon lange nach dem richtigen Material gesucht hast, um deine Technik zu perfektionieren, deine Hände zum Zusammenspiel zu bringen und schneller spielen zu lernen, ist dieses Buch genau das Richtige für dich!

Schnelles Gitarrenspiel hängt in hohem Maße davon ab, dass beide Hände miteinander verbunden sind. Synchronisation ist das Ergebnis, wenn die Spiel- und die Greifhand getrennte Aufgaben als Einheit ausführen. Abgesehen von ein paar Workouts, die man im Internet finden kann, und kleinen Abschnitten in einigen Büchern habe ich selten gesehen, dass diese Fähigkeit im Detail behandelt wird.

Da sich unsere Hände oft auf unterschiedlichen Achsen bewegen - die Spielhand arbeitet vertikal, während die Greifhand horizontal (und vertikal und diagonal!) arbeitet - ist es kein Wunder, dass die Synchronisation für viele Spieler ein Stolperstein sein kann, vor allem wenn Geschwindigkeit und Flüssigkeit gefragt sind.

Als Gewohnheitstiere machen wir Gitarristen uns manchmal schuldig, ein paar Dinge schleifen zu lassen, bis sie zu unerwünschten Gewohnheiten werden. Ein Fehler hier oder da, der sich in Hunderten von Übungsstunden eingebrannt hat, kann schwer zu beseitigen sein, wenn uns schließlich dazu entschließen, dass es an der Zeit ist, es besser zu machen.

Der Anstoß für dieses Buch war die Erkenntnis, dass viele Spieler immer noch Probleme mit der Koordination und Synchronisation haben. Die Kapitel des ersten Teils zielen darauf ab, mit einigen Dingen aufzuräumen, die dich vielleicht zurückhalten, ohne dass du es überhaupt weißt.

Ein wesentlicher Bestandteil der Synchronisation ist das *Timing* - die Ausführung von Anweisungen zum genau richtigen Zeitpunkt. In diesem Buch wird das Timing stufenweise untersucht, beginnend mit dem inneren Rhythmus, dann das Einklinken der Spielhand in den Beat und schließlich die Synchronisation der Finger der Greifhand mit der Spielhand.

In den Kapiteln vier, fünf und sechs werden wir uns mit der Verbesserung der Synchronisation von Alternate Picking, Sweep Picking, Economy Picking und Legato beschäftigen. Ich werde diese Techniken nicht von Grund auf erklären. Ich gehe vielmehr davon aus, dass du bereits über eine gewisse Spielerfahrung verfügst. Wenn nicht, ist es sehr hilfreich, dir meine anderen Technikmethoden aus Fundamental Changes anzusehen.

Außerdem stelle ich mein LIE-Konzept (*Locate, Isolate, Exaggerate; dt. Lokalisieren, Isolieren, Übertreiben*) vor, mit dem ich individuelle Probleme aufspüren und sie direkt angehen kann.

In Abschnitt zwei (*Beschleunigung) werden* wir uns mit dem *Aufbauen von Geschwindigkeit* befassen.

Genauso wie das Gehen nicht allein durch Wiederholung zum Laufen und Sprinten wird, entsteht Geschwindigkeit nicht einfach dadurch, dass man langsam übt und abwartet, was passiert. Es ist an der Zeit, die Beschleunigung als eigenständigen Bereich zu behandeln.

In diesem Abschnitt lernst du meine Strategien kennen, wie du ohne Anspannung spielst, wie du mit Technik statt mit Muskelanspannung Dynamik erzeugst und wie du ein Übungssystem anwendest, das dich von der ersten Stunde an schneller macht.

Du brauchst keine übermenschlichen Kräfte, um schnell zu spielen, aber du musst die Dinge vielleicht anders betrachten, aufgeschlossen sein und neue Dinge ausprobieren. Wir müssen dein Spiel befreien, um es auf Geschwindigkeit zu bringen, also sollten wir aufhören, darauf zu warten, dass es von selbst passiert!

Für beide Teile des Buches ist es unerlässlich, ein Metronom zur Hand zu haben. Du kannst ein physisches Metronom (wie es von alten Hasen wie mir verwendet wird), Desktop-Apps (sogar Google hat ein kostenloses Metronom) oder eine der vielen Apps verwenden, die in den App-Stores für Mobilgeräte erhältlich sind.

Bist du bereit? Auf geht's, machen wir Tempo!

Chris Brooks

Hol dir das Audio- und Video-Begleitmaterial

Die Audiodateien zu diesem Buch kannst du kostenlos von **www.fundamental-changes.com** herunterladen. Der Link befindet sich in der oberen rechten Ecke. Wähle einfach diesen Buchtitel aus dem Dropdown-Menü aus und folge den Anweisungen, um die Audiodateien zu erhalten.

Wir empfehlen dir, die Dateien direkt auf deinen Computer (nicht auf dein Tablet) herunterzuladen und sie dort zu extrahieren, bevor du sie zu deiner Medienbibliothek hinzufügst. Du kannst sie dann auf dein Tablet oder deinen iPod laden oder auf CD brennen. Auf der Download-Seite findest du ein Hilfe-PDF, und wir bieten auch technische Unterstützung über das Kontaktformular.

Bonusvideos

Die Bonusvideos zu diesem Buch findest du unter:

https://geni.us/speedguitar

Über 350 kostenlose Gitarrenlektionen mit Videos findest du hier:

www.fundamental-changes.com

Tritt unserer kostenlosen Facebook-Gemeinschaft von coolen Musikern bei

www.facebook.com/groups/fundamentalguitar

Markiere uns zum Teilen auf Instagram: **FundamentalChanges**

Erster Abschnitt: Einklinken

Timing ist alles!

Synchronisation für Gitarristen wird oft auf spezielle Fingerübungen oder gut gemeinte Ratschläge zum langsamen Spielen reduziert. Beide Ansätze können hilfreich sein, aber keiner ist ganzheitlich.

Dieser Abschnitt des Buches befasst sich mit der Synchronisation, indem er das innere Timing, das Timing der Spielhand und das Timing der Bünde als individuelle Beiträge zum Gesamtziel des synchronen Spiels untersucht.

Wenn ich von Timing spreche, meine ich nicht das *Zeitgefühl*, bei dem ein erfahrener Spieler die Kontrolle darüber ausübt, ob er absichtlich vor oder hinter dem Beat spielt. Ein Spieler, der das kann, trifft eine musikalische Entscheidung, um mit der Verwendung von Zeit einen Effekt zu erzielen.

In den folgenden Kapiteln wollen wir das Timing - und damit die Synchronisation - zum Betriebssystem machen, von dem alle Bereiche deiner Technik profitieren. Dann wirst du mehr Freiheit erlangen, musikalische Entscheidungen zu treffen, ohne immer wieder über bestimmte mechanische Dinge an denselben Stellen zu stolpern.

Wenn du die Übungen in diesem Abschnitt spielst, solltest du selbstbewusst auftreten. Verwende präzise, hörbare Plektrumanschläge und vermeide es, Probleme durch eine zu sanfte Ausführung zu kaschieren. Der beste Weg, Schwächen aufzudecken, ist, sie zu beleuchten.

Beginnen wir damit, dass du deinen Körper auf den Takt des Metronoms einstellst.

Kapitel Eins: Den inneren Rhythmus verbessern

Die Synchronisation der linken und rechten Hand ist ein großes Ziel dieses Buches! Zuvor müssen wir jedoch unseren Körper mit dem Beat synchronisieren. Auch wenn die Hände synchron zueinander sind, ist es wichtig zu vermeiden, dass wir in den Takt hinein- oder herausdriften.

Wahrscheinlich hast du schon einmal das Gefühl gehabt, einen Gitarrenpart zu kennen (und vielleicht sogar mit synchronisierten Händen zu spielen), aber dem Beat des Songs hinterher- oder vorauszueilen, obwohl du das nicht wolltest.

In diesem Kapitel lernst du, dich mit dem Klopfen eines Fußes und mit deiner Spielhand in 1/4-Noten-Schläge einzuklinken. Dann werden wir diese Grundlage nutzen, um verschiedene rhythmische Aufgaben mit der Spielhand auszuführen.

Das Klopfen mit dem Fuß wird zu einer unterbewussten Spiegelung des Pulses der Musik, die du spielst, und die Spielhand wird zum Maschinenraum für das Spielen deiner Gitarre im Takt.

Fußklopfen

Wenn man mit der rechten Hand spielt, sollte man sich angewöhnen, mit dem linken Fuß zu klopfen. Ich habe immer festgestellt, dass unsere Gliedmaßen einen guten Rhythmus halten, wenn sie sich gegenüberliegend bewegen, wie beim Gehen und Laufen. Wenn du mit der linken Hand spielst, versuche, mit dem rechten Fuß zu klopfen.

Bleibe zunächst mit der Ferse auf dem Boden und tippe mit den Zehen. So hast du eine einfache Bewegung, die du erst einmal kontrollieren kannst.

Später kannst du, um Ermüdung und Muskelzerrungen zu vermeiden, und wenn du schneller spielst, versuchen, die Ferse entweder mit einer *Zehen-Ferse-Zehen-Ferse*-Bewegung oder einer *Ferse-Zehen-Ferse-Zehen*-Bewegung einzubeziehen. Für welche Version du dich auch immer entscheidest, halte sie abwechselnd und tippe weder auf doppelt mit den Zehen noch mit den Fersen, da du dich sonst selbst aus dem Konzept bringst! (Hinweis: Beim Fersenklopfen haben die Zehen Kontakt mit dem Boden).

Beispiel 1a ist in rhythmischer Notation geschrieben. Diese Form wird in mehreren Beispielen für die Metronomklicks und das Klopfen mit dem Fuß verwendet. Jeder Takt enthält vier 1/4-Noten - derselbe Rhythmus, in dem dein Metronom klicken wird.

Stelle dein Metronom auf 80 Schläge pro Minute (bpm) ein und klopfe mit dem Fuß, der gegenüber deiner Spielhand liegt. Es ist noch keine Gitarre oder ein Plektrum erforderlich.

Mache so lange weiter, bis du jedes Klopfen deines Fußes mit jedem Klick des Metronoms in Einklang gebracht hast. Je langsamer das Tempo, desto schwieriger ist die Aufgabe, weil es auf diese Weise leichter ist, zu früh oder zu spät zu klopfen.

Beispiel 1a:

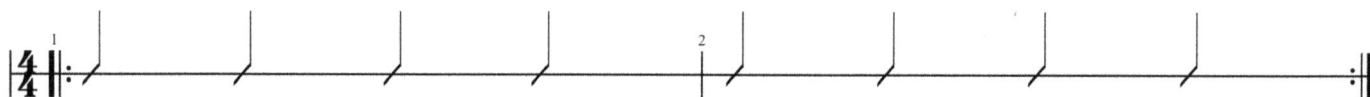

Wiederhole das obige Beispiel mit 100 bpm, 120 bpm, 140 bpm und 160 bpm. Ab 120 bpm wechselst du zu einer *Fersen-Zehen* oder *Zehen-Fersen*-Klopfbewegung.

Wiederhole nun die obige Übung, aber klopfe zusätzlich mit der Spielhand auf dein Bein (welches nicht mit dem Fuß klopft).

Mit anderen Worten: Dein Fußklopfen und der Schlag der Spielhand sollten beide mit dem Klick synchronisiert sein. Wiederhole dies mit allen vorherigen Geschwindigkeiten.

Schnappe dir jetzt deine Gitarre und ein Plektrum, um die restlichen Beispiele anzugehen.

Beispiel 1b ersetzt das Klopfen der Hand aus der vorherigen Übung durch Noten und Anschläge auf der Gitarre. Der Gitarrenpart ist in Notenschrift und Tabulatur notiert. Die Metronomklicks (und Fußklopfer) sind in der unteren Zeile als Referenz angegeben.

Es ist nicht kompliziert, dieselbe Note viermal in einem Takt zu spielen, aber das Ziel ist es, sich so nah wie möglich am Metronom zu orientieren.

Spiele dieses Beispiel in 20bpm-Schritten von 80bpm bis 160bpm und klopfe bei jedem Tempo mit dem Fuß mit.

Beispiel 1b:

Synchronisierte Unterteilungen

Es ist an der Zeit, die Spielhand mit einigen rhythmischen Unterteilungen zu beauftragen. Die folgenden Beispiele sind entscheidend für die Unabhängigkeit zwischen der linken und der rechten Körperseite. Halte bei jedem Beispiel das Metronom am Ticken und deinen Fuß am Klopfen.

In Beispiel 1c arbeiten das Metronom und der Fuß mit 1/4-Noten, während die Gitarre 1/8-Noten spielt, d. h. zwei Noten pro Schlag.

Der zweite gepickte Downstroke (Abschlag) jedes Beats muss genau in der Mitte zwischen den 1/4 Beats erklingen. Beginne mit einem angenehmen Tempo und beschleunige in Schritten von 10-20 bpm.

Beispiel 1c:

Abwechselnde Plektrum-Anschläge (Alternate Picking) bei langsamen Geschwindigkeiten können schwieriger zu timen sein als 1/8-Noten mit nur abwärts gerichteten Anschlägen, also ändern wir das vorherige Beispiel und arbeiten daran.

Ein wichtiger Tipp für gut getimtes Alternate Picking (Wechselschlag) ist es, die Breite der Picking-Bewegung auf beiden Seiten der Saite gleich zu halten. Wenn die Saite nicht der Mittelpunkt deiner Abwärts-/Aufwärtsbewegung ist, riskierst du einen unbeabsichtigten Swing oder Shuffle, wenn sich ein Plektrumschlag weiter von der Saite entfernt als der andere.

Beispiel 1d:

Wir wechseln zwischen abwärts gespielten 1/8-Noten und mit Alternate Picking gespielten 1/16-Noten, während wir den Puls des Fußes und des Metronoms beibehalten.

Für ökonomische 1/16-Noten solltest du in geraden, logischen Bewegungsabläufen nach unten und oben spielen, anstatt das Plektrum bei jeder Note in die Saiten hinein und wieder heraus zu schaufeln (siehe Bonusvideo für einen Vergleich).

Beispiel 1e:

Um 1/8-Triolen gegen 1/4-Noten-Fußtaps zu spielen, probieren wir sie zunächst nur mit Abwärtsschlägen aus.

Jeder Satz von drei Noten sollte gleichmäßig über den Schlag und in den nächsten Schlag hinein verteilt sein. Vermeide, dass deine Triolen wie ein Galopp klingen, indem du in gleichmäßigen Abständen laut *eins-und-ah, zwei-und-ah, drei-und-ah, vier-und-ah* zählst.

Beispiel 1f:

Wenn du 1/8-Triolen mit Wechselschlag spielst, beginnst du jeden zweiten Satz mit einem Aufschlag. Lasse dich dadurch nicht im Timing der Spiel- oder Fußbewegung unterbrechen. Wenn dies der Fall ist, spiele einen Moment lang unbegleitet und zähle die Triolen laut, bis du wieder im Takt spielen kannst.

Beispiel 1g:

1/16-Notentriolen (oft *Sextolen* genannt) werden mit sechs Noten pro Schlag (und pro Fußklopfer) gespielt. Sie sind doppelt so schnell wie die 1/8-Notentriolen aus dem vorherigen Beispiel.

Um den Puls zu betonen, spiele den Abwärtsschlag auf jedem Schlag etwas härter.

Beispiel 1h:

Wenn du verschiedene Unterteilungen innerhalb eines Taktes kombinierst, ist es wichtig, dass du nicht aus dem Auge verlierst, wo jeder Schlag landet. Bleibe in den folgenden beiden Beispielen mit deinem tippenden Fuß im Takt, während du den Takt mit einer Mischung aus verschiedenen Notengruppierungen aufteilst.

Um die Beats zu betonen und die Synchronisation von Spielhand und Fuß zu verstärken, setze starke Akzente auf Noten, die mit den Klicks des Metronoms übereinstimmen.

Beispiel 1i:

Beispiel 1j:

Bevor du zum nächsten Kapitel übergehst, ist es wichtig, dass du einige Zeit damit verbringst, die entscheidenden Aspekte dieses Kapitels in dein Spiel einzubauen.

- Klopfen mit dem Fuß gegenüber der Spielhand

- Klopfen von 1/4-Noten mit dem Fuß im Takt des Metronoms

- Vergleich von Zehenspitzen-, Fersen-Zehen und Zehen-Fersen-Taps.

- Mit der Spielhand den Beat auf verschiedene Arten unterteilen und dabei ein solides Fußklopfen beibehalten.

Führe diese Übungen korrekt aus, denn sie bieten dir eine solide Grundlage für das, was folgt. Wenn du bereit bist, beginnen wir mit dem nächsten Schritt der Synchronisation, indem wir das Picking mit Einzelsaiten-Motiven der Greifhand kombinieren.

Kapitel Zwei: Einzelsaiten-Synchronisation

In diesem Kapitel arbeiten wir an der Synchronisation von Greif- und Spielhand mit chromatischen Übungen, die du auf jeder Saite üben kannst (und solltest).

Die rhythmische Notation des Metronoms und der Fußtaps wird in der Tabulatur nicht mehr angezeigt, da wir davon ausgehen, dass du diese Disziplin bereits beherrschst.

Bevor du jedoch zum Plektrum greifst, solltest du sicherstellen, dass du die Greifhand mit dem tippenden Fuß verbinden kannst, indem du diesmal zwei Gliedmaßen auf derselben Körperseite synchronisierst.

Für Beispiel 2a erzeugst du leichte Hammer-Ons aus dem Nichts (angezeigt als Greifhand-Taps mit einem eingekreisten T), um zu hören, ob du jede Note im Takt greifst. Die Finger eins bis vier drücken die G-Saite, ein Finger nach der anderen, ohne Plektrumanschläge herunter.

Es besteht keine Notwendigkeit, alle Finger nacheinander auf das Griffbrett zu stapeln, da man in der Praxis meist nicht vier Finger auf das Griffbrett legen muss, um eine Note zu spielen.

Um zu beginnen, verankere deinen Daumen hinter dem Hals, um eine gute Hebelwirkung zu erzielen, und hämmere dann mit dem Zeigefinger auf den 5. Bund der G-Saite, wo du ihn zwei Schläge lang hältst.

Hämmere mit dem zweiten Finger auf den 6. Bund und hebe den Zeigefinger an, sobald du den Kontakt hergestellt hast, wie man bei einem Staffellauf den Stab weitereben würde. Fahre mit den anderen Fingern auf die gleiche Weise fort. Um die unterschiedlichen Fingerlängen auszugleichen, siehst du im Video, wie ich die Finger meiner Greifhand auf dem Griffbrett *abrolle*.

Das Ziel ist es, jeden Finger genau an der richtigen Stelle, synchron mit dem Fuß zu platzieren, nicht davor oder danach.

Beispiel 2a:

Als Nächstes drückst du die Noten in Intervallen von 1/4 Noten (Beispiel 2b) und 1/8 Noten (Beispiel 2c) nach unten. Erweitere die folgenden beiden Übungen, indem du sie auf jede Saite überträgst und dabei die Fußtaps durchgängig beibehältst.

Beispiel 2b:

Beispiel 2c:

Wenn du in den letzten drei Beispielen jeden Finger mit gutem Timing nach unten gedrückt hast, setze nun das Plektrum wieder ein.

Im nächsten Abschnitt werden wir mit Hilfe von Picking-Übungen die Verbindung zwischen Spiel- und Greifhand festigen.

Picking Drills für die chromatische Synchronisation

Mit einem guten Timing für die Fingerplatzierung wählen wir eine Kombination aus 1/16- und 1/4-Noten mit der gleichen Griffweise - zwei Tonhöhen pro Takt.

Der Zeigefinger im ersten Takt kann vor dem Anspielen bereits auf seinem Bund liegen, aber die anderen Finger müssen bei jedem Abwärtsschlag auf neuen Bünden landen.

Du solltest vermeiden, dass sich ein Ton hineinschummelt, indem eine Note versehentlich zweimal kurz hintereinander erklingt, weil entweder ein Plektrumanschlag oder eine gegriffene Note zu früh oder zu spät erfolgt.

Beispiel 2d:

Behalten wir den Wechselschlag bei und wechseln die Noten auf jedem Taktschlag. Konzentriere dich darauf, jeden Notenwechsel mit der Spielhand zu synchronisieren.

Ein zusätzlicher Tipp zur Arbeit mit dem Körper: Nicke bei jedem Takt leicht mit dem Kopf, um weitere Synchronisation zu erreichen.

Beispiel 2e:

Der Positionswechsel ist ein wichtiger Aspekt der Synchronisation. Auf der B-Saite in Beispiel 2f beginnt der Zeigefinger den ersten Takt auf dem 3. Bund und springt im nächsten Takt auf den 7. Bund und so weiter.

Es ist wichtig, dass du jede Position rechtzeitig wechselst. Beginne daher sehr langsam und fokussiere mit den Augen jede neue Position, bevor du dich dorthin bewegst.

Die Übergänge werden sich nicht immer nahtlos anhören, aber bei der Synchronisationsübung geht es darum, die Positionen zu wechseln, ohne die gleichmäßige Wiederholung der Spielhand zu unterbrechen. Wenn du die Picking-Bewegung anhältst und wieder neu startest, hält deine Greifhand wahrscheinlich nicht Schritt.

Vermeide es, in jede Position hineinzugleiten. Tu dein Bestes, um jede Position mit einer sauberen Platzierung des Zeigefingers anzusteuern, und schiebe den Daumen hinter den Hals.

Beispiel 2f:

Arbeiten wir nun an aufsteigenden Sprüngen mit dem Zeigefinger- und absteigenden Sprüngen mit dem kleinen Finger in einer Übung. Für diese Übung nehme ich die D-Saite, aber ich schlage vor, jede Saite zu verwenden, um vielseitig zu bleiben.

Achte auf die Slides am Ende jedes Taktes, und spiele keine Note mehr oder weniger als zweimal.

Beispiel 2g:

Eine weitere hervorragende Möglichkeit, die Synchronisation zu verbessern und anpassungsfähiger zu werden, besteht darin, herkömmliche Picking-Übungen auf ungewöhnliche Weise zu verändern. Indem du von dem abweichst, was dein Verstand oder deine Hände erwarten, entwickelst du eine größere Vielseitigkeit, um alles zu bewältigen, was kommt.

Wir werden einige frühere Übungen umgestalten, um neue Herausforderungen für die nächsten Beispiele zu schaffen. Einige werden sich etwas verkehrt anfühlen, bis du dich mit ihnen so vertraut gemacht hast wie mit den einfachen Versionen.

Hier ist eine Abwandlung von Beispiel 2e, bei dem jede neue Note auf einem neuen Schlag und mit einem Abwärtsschlag begann.

Das Entfernen einer C-Note am 5. Bund der G-Saite zum Ende des Taktes bedeutet, dass jede neue Tonhöhe auf der letzten 1/16-Note eines jeden Schlages auftritt. Neue Noten liegen nun auf Aufwärtsschlägen.

Die Spielhand ist immer noch mit dem klopfenden Fuß verbunden, aber die Herausforderung besteht darin, die Noten mit der Greifhand an neuen Stellen zu ändern, ohne auf die vorherige Version zurückzufallen.

Gehe es anfangs ganz langsam an, da es sich anfangs vielleicht verkehrt anfühlt.

Beispiel 2h:

Der andere Aufschlag, bei dem wir die Noten wechseln können, ist die zweite 1/16-Note eines jeden Schlags.

Beispiel 2i:

Beispiel 2j rekonfiguriert die Noten von Beispiel 2g, aber mit 1/8 Noten.

Der erste Takt beginnt mit einer einzelnen F-Note auf der D-Saite, und der Rest wird sich etwas merkwürdig anfühlen, da die Noten auf dem „und" eines jeden Schlags wechseln, und zwar mit entgegengesetzten Plektrum-Anschlägen als zuvor. Wenn man die Slides und Positionssprünge mit einbezieht, muss man mehrere Dinge gleichzeitig beachten und synchronisieren!

Beispiel 2j:

Hier ist eine weitere Variante von Beispiel 2e mit mehreren Änderungen, auf die du achten solltest.

Auf der A-Saite gespielt, werden 1/16-Noten durch 1/8-Triolen ersetzt, und die Noten wechseln ebenfalls in Dreiergruppen. Der Reiz an dieser Übung liegt in dem verschobenen Gefühl der Takte drei und vier, das im Gegensatz zur Geradlinigkeit der Takte eins und zwei steht. Achte in der zweiten Hälfte auf das Timing der greifenden Finger.

Beispiel 2k:

Unabhängigkeit der Finger

Eine häufige Ursache für fehlende Synchronisation ist das Gefühl, dass einige Finger (oder Fingerkombinationen) sich weigern, zusammenzuarbeiten. Das kann zu Timing-Problemen, einem inkonsistenten Klang oder beeinträchtigten Spielfähigkeiten führen.

Wir können solche Probleme mit Übungen beheben, die sich auf bestimmte Hürden konzentrieren. Was auch immer die Hürde ist, es gibt bestimmt eine Übung, die du konstruieren kannst, um das Problem hervorzuheben, zu korrigieren und zu beseitigen.

Nimm zum Beispiel benachbarte Finger. Die Finger zwei und drei oder drei und vier können mit bestimmten Übungen direkt angesprochen werden, um die Trennung zu verbessern.

Beispiel 2l zielt auf drei benachbarte Fingerpaare ab. Eine 1/2-Noten-Pause am Ende der Takte zwei und vier ermöglicht einen Moment, in dem man sich von der Anspannung lösen kann, die sich sonst aufbauen könnte.

Beispiel 2l:

Welches Fingerpaar hat dir im vorherigen Beispiel am meisten Schwierigkeiten bereitet? Das wird der Schwerpunkt einer neuen Übung sein.

Wenn sich die Finger zwei und drei langsamer oder schwerfälliger anfühlen als die anderen, können wir das Problem in einer neuen Übung hervorheben und diese nutzen, um das Problem zu beheben.

Beispiel 2m:

Wenn es die Kombination aus drittem und viertem Finger war, versuche Folgendes.

Beispiel 2n:

Die vierundzwanzig Permutationen von 1-2-3-4

Mit den üblichen chromatischen Übungen, bei denen die Finger eins bis vier nacheinander auf jeder Saite gespielt werden, kannst du dich daran gewöhnen, die Finger mit den Anschlägen zu verbinden. Wie zum Beispiel bei den 1-2-3-4-Übungen, bei denen die Abwärtsschläge immer mit den Fingern eins und drei und die Aufwärtsschläge mit den Fingern zwei und vier gepaart werden.

Es gibt vierundzwanzig Kombinationen, in denen wir die Zahlen eins, zwei, drei und vier anordnen können, wobei jede einmal vorkommt. Diese sind unter Gitarrenlehrern als *die vierundzwanzig Permutationen* bekannt.

Um die Permutationen durchzuspielen, wählst du eine Position des Halses, an der du bequem spielen kannst. Die „1" ist die Stelle, an der du deinen Zeigefinger platzierst, die drei Bünde danach sind die Positionen der Finger zwei, drei und vier.

Wenn deine Greifhand bei einigen der weniger standardmäßigen Fingersätze stolpert, übe diese schwierigeren Fingersätze als reine Hammer-On-Übungen, bevor du sie mit dem Plektrum spielst.

1-2-3-4	1-2-4-3	1-3-2-4	1-3-4-2	1-4-2-3	1-4-3-2
2-1-3-4	2-1-4-3	2-3-1-4	2-3-4-1	2-4-1-3	2-4-3-1
3-1-2-4	3-1-4-2	3-2-1-4	3-2-4-1	3-4-1-2	3-4-2-1
4-1-2-3	4-1-3-2	4-2-1-3	4-2-3-1	4-3-1-2	4-3-2-1

Wir werden den Saitenwechsel beim Alternate Picking in Kapitel vier im Detail behandeln, aber wenn du bereit bist für mehrsaitige Variationen der vierundzwanzig Permutationen, kannst du auch damit beginnen, Saitenwechsel in die Mitte jeder Viergruppe zu setzen.

Beispiel 2o ist eine 1-2-3-4 Übung, die am 7. Bund beginnt. Die vierte Note jeder Reihe wird auf eine benachbarte Saite verlegt - eine höhere Saite auf dem Weg nach oben und eine tiefere Saite auf dem Weg nach unten.

Beispiel 2o:

Das war eine ausgezeichnete Idee, also machen wir es auch mit den anderen Fingern.

Im Beispiel 2p wird der dritte Finger verschoben, in den Beispielen 2q und 2r der zweite bzw. erste Finger.

Wenn du die Übung mit den anderen Permutationen auf diese Weise wiederholen würdest, hättest du sechsundneunzig verschiedene Versionen zur Auswahl, und das bei nur einem Saitenwechsel bei jeweils vier Noten. Ich möchte nie wieder hören, dass du dich beschwerst, du hättest nichts zum Üben!

Beispiel 2p:

Beispiel 2q:

Beispiel 2r:

Schau, was du dir sonst noch einfallen lassen kannst. Das Ziel ist es, eine Herausforderung zu finden, die mit der Synchronisation oder der Kontrolle der Finger zu tun hat, und beides zu verbessern. Beende die Übung, wenn sie zu bequem wird, und wähle eine andere, die an ihre Stelle tritt.

Im nächsten Kapitel werden Dur- und Molltonleitern für musikalische Synchronisationsübungen verwendet.

Kapitel Drei: Diatonische Zellen und Permutationen

Es ist an der Zeit, dass wir uns mit diatonischen Dur- und Moll-Tonleiterfragmenten beschäftigen, die man in musikalischen Situationen viel häufiger antrifft.

In diesem Kapitel werden wir uns verschiedene melodische Gruppierungen anschauen, um die Synchronisation der Greiffinger mit Hilfe von einsaitigen Motiven und Sequenzen herauszufordern und zu verbessern. Im vierten Kapitel werden wir uns mit Saitenwechseln und deren Auswirkungen auf die Synchronisation befassen, mit der wir es hier zu tun haben.

Die Synchronisation mit Tonleiternoten kann u. a. folgendermaßen verbessert werden:

- Erkundung gebräuchlicher Skalenfragmente

- Schaffung verschiedener „Lock-in"-Punkte

- Erhöhung des Schwierigkeitsgrads der Übungen zur Verbesserung der Konzentration und der Aufmerksamkeit für Details

- Diatonisches Auf- und Abwärtsbewegen von Saiten durch Positionsverschiebungen

Alle diatonischen Beispiele im Rest des Buches verwenden die C-Dur-Tonleiter und die zugehörige Molltonleiter, A-Moll, sofern nicht anders angegeben. Auf dem Griffbrett sehen die Noten wie folgt aus:

Abbildung 1:

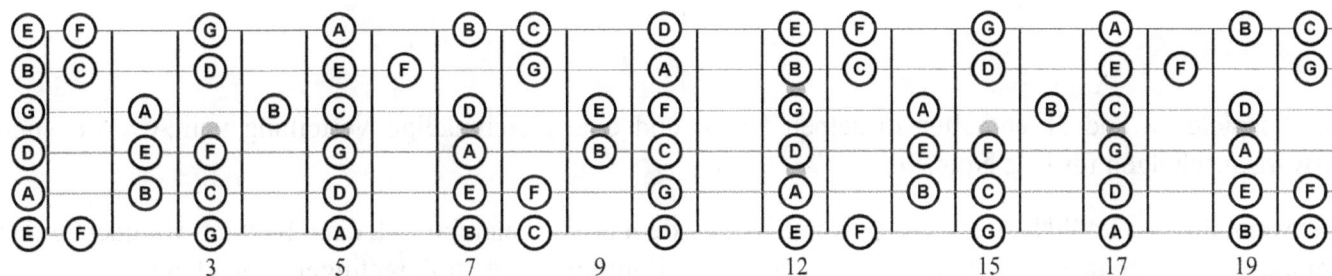

Beginnen wir mit einigen dreistimmigen Skalenfragmenten, die wir auf Motive anwenden werden, die aus drei bis sieben Noten bestehen.

Wie im obigen Diagramm zu sehen ist, besteht jede Gruppe von drei Noten auf einer Saite entweder aus einem Ganzton plus einem Halbton (A, B, C und D, E, F), einem Halbton plus einem Ganzton (B, C, D und E, F, G) oder zwei aufeinanderfolgenden Ganztönen (C, D, E sowie F, G, A und G, A, B).

Das erste, was wir mit drei Noten tun können, ist, sie in aufsteigender Reihenfolge zu wiederholen. In Beispiel 3a werden die Noten E, F und G auf der G-Saite wiederholt. Jede Triolengruppe beginnt mit einem Plektrumanschlag, der dem vorherigen entgegengesetzt ist.

Übe dieses Muster in angemessenem Tempo, schalte dann dein Metronom aus und beschleunige die Phrase bis an den Rand deiner Fähigkeiten, wobei du die Picking-Akzente auf den E-Noten im 9. Bund hältst.

Beispiel 3a:

Spiele nun die gleichen Noten in einer Schleife, beginnend mit der F-Note am 10. Bund. Hast du immer noch das Gefühl, dass du synchron spielst, wenn du das Tempo erhöhst, oder versucht dein Gehirn, die Idee so umzustellen, dass die E-Note immer auf dem Beat ist?

Beispiel 3b:

Die Beispiele 3a und 3b enthalten dieselben Noten und eine gleichmäßige Verteilung von Abwärts- und Aufwärtsanschlägen für jede Note.

Aber wenn du das Gefühl hattest, dass Beispiel 3b „aus dem Ruder gelaufen" ist, dann liegt das wahrscheinlich daran, dass deine Synchronisation in Beispiel 3a an die Führung mit dem Zeigefinger gebunden war.

Dies ist ein gutes Argument für das Üben von Permutationen und dem Experimentieren mit neuen „Lock-in"-Punkten. Wenn du dir die Arbeit machst, verbesserst du deine technische Anpassungsfähigkeit.

Hier ist eine weitere Version, die mit der G-Note im 12. Bund beginnt und uns einen weiteren Fixpunkt zum Üben bietet.

Beispiel 3c:

Die Untersuchung von Permutationen und Lock-in-Punkten auf Schwachstellen in der Synchronisation kann auch mit absteigenden Schleifen durchgeführt werden.

Hier sind drei absteigende Varianten in einer Übung. Ermittle, welche Permutationen am schwächsten sind und investiere mehr Übungszeit in diese.

Beispiel 3d:

Mit den Noten D, E und F auf dem 7., 9. und 10. Bund enthält Beispiel 3e Permutationen eines vierstimmigen Motivs. Jeder Takt hat eine andere Startnote und einen anderen Fixpunkt für die Akzentuierung.

Vergewissere dich, dass jeder einzelne Satz synchronisiert ist, und achte genau auf jeden Versuch deines Gehirns, die Idee zurückzusetzen oder die Anschläge zu ändern.

Beispiel 3e:

Kreiselnde Licks sind oft ein guter Test für die Synchronisation, vor allem, wenn wir eine kleine Wendung einbauen.

Beispiel 3f beginnt mit einem Motiv, bei dem eine C-Note auf dem 10. Bund der D-Saite als Pedalton zwischen den A-Noten (7. Bund) und den B-Noten (9. Bund) gespielt wird. Das allein ist schon eine gute Synchronisationsübung.

In Takt zwei kommt es zu einer Wendung, da die Phrase nun auf der pedalierten C Note beginnt. Es ist, als würde man die A-Note aus Takt eins entfernen und die Plektrumanschläge für die restlichen Noten umkehren.

Die Takte drei und vier sind um einen diatonischen Schritt nach unten transponiert. Du kannst dies zu einer erweiterten Übung machen, indem du auf einer beliebigen Saite beginnst und dich durch jede melodische Position entlang der Saite nach unten oder oben arbeitest.

Beispiel 3f:

In den Beispielen 3g und 3h sind einige Sextolen-Figuren zu sehen, die mir in meinen Lernjahren wirklich geholfen haben.

Die erste bewegt sich auf der B-Saite nach oben und bleibt dabei durchgehend in der Tonart C-Dur. Anders als bei Beispiel 3a handelt es sich bei dem Sechs-Noten-Muster nicht um dieselben drei Noten, die zweimal in dieselbe Richtung gespielt werden.

Beispiel 3g:

Hier ist das Gegenstück der vorherigen Übung. In dieser Version führt der kleine Finger jede Gruppe von sechs Noten an. Die Linie bewegt sich die B-Saite hinunter durch die gleichen melodischen Gruppen.

Beispiel 3h:

Wir haben gesehen, wie das Ändern der Reihenfolge der Noten oder der mit ihnen verbundenen Plektrumanschläge einen hilfreichen Schwerpunkt für die Synchronisationsarbeit darstellen kann. Die Fähigkeit, *alles* zu synchronisieren, hängt von der Vielseitigkeit ab.

Wiederholte Motive mit ungeraden Zahlen sind eine gute Gelegenheit, die Herausforderung und den Nutzen des Umkehrens von Plektrumanschlägen zu erforschen. Schau dir dieses fünfstimmige Lick an, das beim ersten Mal mit einem Abwärtsschlag und beim zweiten Mal mit einem Aufwärtsschlag eingeleitet wird.

Beispiel 3i:

Kombinieren wir einen gleichmäßigeren Strom von 1/16-Noten mit denselben fünf Noten. Wir können drei der Fünf-Noten-Gruppen in einem Takt unterbringen. Wie du merken wirst, beginnt die mittlere Gruppe mit einem Aufwärtsschlag und die Gruppen daneben mit einem Abwärtsschlag.

Beispiel 3j:

Erhöhen wir den Einsatz mit einer weiteren Fünf-Noten-Gruppe, die diesmal über die Taktlinie bis zur Pause in Takt zwei gespielt wird. Wiederhole das so oft, wie du es zusammenhalten kannst.

Akzentmarkierungen zeigen an, wo jede Gruppe beginnt, während du die Fünfergruppen mit entgegengesetzten Plektrumschlägen zur vorherigen Gruppe wiederholst.

Klopfe während der gesamten Zeit mit dem Fuß mit, synchronisiere die Spielhand mit den Fußtaps und denke daran, dass sich die Paarung von Fingern und Plektrumschlägen alle fünf Noten umkehrt.

Wenn du diese Phrase in einem moderaten Tempo ausführen kannst und dabei synchron bleibst, ist das ein gutes Zeichen dafür, dass du die Multitasking-Fähigkeit entwickelst, die erforderlich ist, um unkonventionelle Phrasen zu koordinieren, ohne aus der Bahn geworfen zu werden.

Beispiel 3k:

Bevor wir zum Positionswechsel übergehen, schließt dieser Abschnitt mit einem siebenstimmigen wiederholten Motiv ab, das mit 1/16-Noten gespielt wird. Versuche, dieses Motiv auf eine beliebige Position oder Saite zu verschieben.

Widerstehe der Versuchung, zu Beginn jeder Siebenergruppe mit dem Fuß zu klopfen, und denke daran, dass die Rhythmen immer noch aus 1/16-Noten bestehen und der Takt immer noch auf 1/4-Noten basiert.

Beispiel 3l:

Synchronisierte Positionsverschiebungen

Bei diatonischen Tonleitern bestehen die Positionswechsel aus einer Mischung von Intervallen, die mit guter Hand-Augen-Koordination im Takt ausgeführt werden müssen.

Beachte bei der Durchführung der Positionswechselübungen zwei Richtlinien:

1. Die Greifhand darf den Rhythmus der Spielhand nicht stören

2. Wechsle die Position der Greifhand so reibungslos wie möglich, um melodische Kontinuität zu gewährleisten

Bei der Aufwärtsbewegung in der A-Moll-Tonleiter, zwei Noten pro Position, führt Beispiel 3m mit dem Zeigefinger, gefolgt vom zweiten oder dritten Finger, je nach Intervall.

Von der 2. zur 5. Position verschiebt sich der Zeigefinger um drei Halbtöne nach oben. Vom 5. Bund zum 9. Bund sind es vier Halbtonschritte. Unabhängig vom Intervall muss die Verschiebung im Takt der Spielhand und des Klopfens deines Fußes oder des Klickens des Metronoms erfolgen.

Beispiel 3m:

Um die rhythmische Vielfalt zu erhöhen, formulieren wir das vorherige Beispiel in 1/8-Triolen um und bleiben bei zwei Fingern pro Position.

Beispiel 3n:

Mit drei Fingern pro Position enthält Beispiel 3o größere Positionssprünge. Der Zeigefinger verschiebt sich jedes Mal um fünf Bünde nach oben. Beim Abstieg verschiebt sich der kleine Finger sechs Bünde nach unten, dann fünf Bünde.

Gehe so langsam wie nötig vor, um ein genaues Greifen sicherzustellen, bevor du schneller wirst.

Beispiel 3o:

Um andere Saiten zu erforschen, dient Beispiel 3p als erweiterte Positionsverschiebungsübung, die auf der A- und D-Saite auf- und absteigt, mit drei Fingern pro Position, wie angegeben.

Als ich vor vielen Jahren klassischen Gitarrenunterricht nahm, lernte ich, dies auf jeder Saite zu üben. Ich habe es nie bereut, meine Tonleitern horizontal zu kennen, um sie nach Belieben mit vertikalen Mustern zu verbinden, also probiere es aus!

Studiere die Tonleiterkarte am Anfang des Kapitels, um diese Übung auf jede beliebige Saite zu übertragen.

Beispiel 3p:

Um Noten zu überlappen und Sequenzen entlang einer Saite zu erzeugen, versuche, jedes Mal nur eine Note in der Tonleiter auf und ab zu bewegen. In Beispiel 3q bewegen sich Zeige- und Mittelfinger in Ganz- und Halbtonsprüngen entsprechend den Noten der A-Moll-Tonleiter.

Beispiel 3q:

Die Positionsverschiebungen mit Slides stellen eine Herausforderung für das Timing und die Synchronisation dar, da derselbe Finger zweimal auf verschiedenen Bünden verwendet wird.

Hier ist ein Beispiel, bei dem du Slides beim Aufstieg mit dem kleinen Finger und beim Abstieg mit dem Zeigefinger spielst. Vermeide ein zu frühes oder zu spätes Sliden und stelle sicher, dass die Slide-Noten perfekt mit dem Plektrum synchronisiert sind.

Beispiel 3r:

Die Breite der Slides kann vergrößert werden, um eine größere Herausforderung zu schaffen.

In den Takten eins und zwei dieses Licks führt der Zeigefinger absteigende Slides in diatonischen Terzen und aufsteigende Slides in Ganztönen und Halbtönen aus. In einem abgewandelten melodischen Motiv übernimmt der kleine Finger die Slides in den Takten drei und vier.

Beispiel 3s:

Als wiederholende Slide-Übung können wir uns die drei Ganztöne (Tritonus) zwischen den Noten F und B der C-Dur-Tonleiter zunutze machen.

Beispiel 3t:

Fassen wir deine Ziele für dieses Kapitel zusammen:

- Übungen mit verschiedenen Permutationen durchspielen, um Schwachstellen in der Synchronisation aufzudecken

- Drei-, vier-, fünf-, sechs- und siebenstimmige Wiederholungsübungen

- Umkehrung der Picking-Bewegungen für mehr Vielseitigkeit

- Ungewöhnliche Notengruppierungen spielen, um die Beherrschung des Beats auf die Probe zu stellen

- Verschieben von Zwei- und Dreinotengruppen anhand von Positionsverschiebungen entlang einer Saite

- Vergrößerung der Positionsverschiebungen

- Positionsverschiebungen mit Slides im Takt spielen, ohne den Rhythmus der Spielhand zu beeinflussen

Stelle für die Bereiche, die dich herausfordern, eine kurze tägliche Übungsroutine zusammen. Schon zehn Minuten konzentriertes Üben können die Knoten in deinem Spiel lösen.

Wähle pro Trainingseinheit drei oder vier Übungen aus, versuche, dir die Übungen einzuprägen und saubere und genaue Wiederholungen durchzuführen. Wechsle dann die Übungen, wenn du die vorgesehene Zeit für jede Übung erreicht hast.

Je leichter eine Übung wird, desto weniger wertvoll ist sie, also ersetze überflüssige Übungen. Es geht darum, etwas zu finden, das sich unangenehm anfühlt, sich damit vertraut zu machen und dann weitergehen.

In den nächsten Kapiteln werden wir String-Crossing mit verschiedenen Techniken behandeln und untersuchen, wie man die Synchronisation bei jeder Technik maximieren kann.

Kapitel vier konzentriert sich auf die Synchronisation des Alternate Pickings. Kapitel fünf befasst sich mit den besonderen Anforderungen von Sweep und Economy Picking, während Kapitel sechs Legato und Picking-Synchronisation behandelt.

Wenn du mit diesen Techniken noch nicht vertraut bist, empfehle ich dir, die unten aufgeführten Bücher zu lesen, um sich in jede Technik zu vertiefen. Anstatt diese Texte hier zu wiederholen, werde ich mich auf die Synchronisationsanforderungen der einzelnen Techniken konzentrieren.

Meine vollständigen Technikkurse werden von Fundamental Changes veröffentlicht und umfassen folgende Titel:

- *Alternate Picking Guitar Technique*

- *Economy Picking Guitar Technique*

- *Sweep Picking Speed Strategies for Guitar*

- *Legato Guitar Technique Mastery*

Kapitel Vier: Saitenwechsel - Alternate Picking

Beginnen wir mit einem Blick auf die Anforderungen an die Synchronisation der Saitenwechsel beim Alternate Picking.

Zum Entwirren von Problemstellen empfehle ich einen Ansatz, den ich *LIE* nenne: *Locate, Isolate, Exaggerate (Lokalisieren, Isolieren, Übertreiben)*

- *Lokalisieren* - den Punkt innerhalb eines Licks finden, der Probleme verursacht oder den Fortschritt behindert

- *Isolieren* - das Problem vom Rest des Licks trennen, um es gezielt anzugehen

- *Übertreiben* - die Schwierigkeit oder Häufigkeit des Problems erhöhen, um es zu überwinden

Dieser dreistufige Prozess hat mir geholfen, viele technische Probleme zu überwinden, daher werde ich in diesem Kapitel anhand von einigen Beispielen den Ansatz erläutern.

Du kannst Alternate Picking auf unterschiedliche Weise spielen, indem du auf verschiedene Art dein Handgelenk, den Ellbogen, den Unterarm und die Finger einsetzt. Ich gehe davon aus, dass du bereits weißt, wie du picken möchtest, aber das Bonusvideo enthält eine kleine Einführung in diese Optionen.

Da beim Alternate Picking gegenläufige Plektrumanschläge über die Saiten hinweg verwendet werden, gibt es vier Kombinationen von Saitenwechseln: zwei *Innen-* und zwei *Außenwechsel*.

1. Innen: ein Aufschlag auf einer tieferen Saite gefolgt von einem Abschlag auf einer höheren Saite

2. Innen: ein Abwärtsschlag auf einer höheren Saite gefolgt von einem Aufwärtsschlag auf einer tieferen Saite

3. Außen: ein Abwärtsschlag auf einer tieferen Saite gefolgt von einem Aufwärtsschlag auf einer höheren Saite

4. Außen: ein Aufwärtsschlag auf einer höheren Saite, gefolgt von einem Abwärtsschlag auf einer tieferen Saite.

Hier sind einige kleine Beispiele für die oben genannten Punkte.

Beispiel 4a:

Um die Saiten zu wechseln, ohne die Synchronisation und Kontrolle zu unterbrechen, die du mit dem Einzelsaiten-Picking erreicht hast, solltest du Folgendes beachten:

- Das Plektrum muss die Noten auf den neuen Saiten mit demselben guten Timing ansteuern wie auf der Einzelsaite.

- Das Plektrum braucht freien Zugang zu jeder neuen Saite

- Direkte und präzise Bewegungen sorgen dafür, dass die Hände zusammenarbeiten.

Gehen wir nun die vier Saitenwechseloptionen aus der Liste durch.

Beispiel 4b enthält einen Innenanschlag zum Saitenwechsel von einem Aufschlag auf der D-Saite zu einem Abschlag auf der G-Saite.

Um den Saitenwechsel in Takt zwei akkurat auszuführen, muss der letzte Aufschlag auf der D-Saite die Ebene der Saite verlassen, um im Takt des Zeigefingers der Greifhand direkt zur G-Saite zu gelangen. Schau dir dieses Lick im Bonusvideo genauer an.

Wenn du schneller wirst, verwende das einsaitige Wiederholungsmuster in Takt eins als Maßstab für das, was du erreichen kannst, und spiele dann beide Takte durch, um zu sehen, ob das Timing und die Synchronisation während des Saitenwechsels erhalten bleiben.

Beispiel 4b:

Beispiel 4c zeigt, wie ich den LIE-Ansatz auf Muster wie in der vorherigen Übung anwende.

Wenn die der Saitenwechsel der Knackpunkt ist, haben wir die *Lokalisierung* bereits erledigt. Als nächstes *isolieren* wir.

Um sich auf das Anschlagen der ersten Note auf der G-Saite zu konzentrieren, isolieren die Takte eins und zwei das Element des Saitenwechsels. Versuche, lauter zu picken als gewöhnlich, und setze einen zusätzlichen Akzent auf die E-Note auf der G-Saite (9. Bund).

In den Takten drei und vier gibt es einen Lauf vor dem Saitenwechsel. In den Takten fünf und sechs wurde mehr des kompletten Licks aus Beispiel 4b hinzugefügt. Behalte die Betonung des Saitenwechsels vorerst bei.

Beispiel 4c:

Wir können den Abstand zwischen den Saiten durch Saitensprünge für die Stufe der „*Übertreibung*" vergrößern. Durch den höheren Schwierigkeitsgrad beim Sprung von der D-Saite zur B-Saite wird der Wechsel zu benachbarten Saiten im Vergleich einfacher.

Wenn du besonders abenteuerlustig bist, kannst du einen Saitensprung auf die hohe E-Saite einfügen, wie in den Takten drei und vier gezeigt. Beide Möglichkeiten des Saitensprungs bleiben innerhalb der Tonart.

Beispiel 4d:

Um diese Art des Saitenwechsels mit einem größeren Spektrum zu testen, erstelle längere Übungsläufe mit Akzenten, um jede neue Saite zu markieren. Gerade Zahlen sind ein einfacher Weg, um sicherzustellen, dass jedes Mal das gleiche Innen- bzw. Inside Picking erfolgt.

Beispiel 4e:

Für die zweite Art des Saitenwechsels beim Inside Picking (ein Abwärtsschlag auf einer höheren Saite gefolgt von einem Aufwärtsschlag auf einer tieferen Saite) gibt es einen ähnlichen Entwicklungs- und Verbesserungsprozess.

Schau dir das Video an, um zu sehen, wie ich das Plektrum beim Abwärtsschlag von den Saiten wegbewege, um beim Aufwärtsschlag leichten Zugang zu jeder neuen Saite zu haben. Eine konsequente Vorgehensweise während des gesamten Licks sorgt dafür, dass meine Hände synchronisiert sind und mein Picking präzise ist.

Beispiel 4f:

Beispiel 4g zeigt mehrere Stufen des Isolierungsprozesses, vom reinen Saitenwechsel bis zum erneuten Hinzufügen von Noten auf beiden Seiten des Wechsels.

Beispiel 4g:

Das Saitenspringen eignet sich auch hier, um den Abstand zwischen den Saiten zu vergrößern. Da wir den Schwierigkeitsgrad des Pickings vergrößern, achte besonders auf den ersten Aufschlag auf den tieferen Saiten.

Beispiel 4h:

Für das Außen- bzw. Outside-Picking von den tiefen Saiten zu den hohen Saiten probiere Beispiel 4i. Es besteht aus einer sechstönigen Figur, die auf Saitenpaaren sequenziert wird.

Der erste Saitenwechsel erfolgt gleich zu Beginn von der A-Saite zur D-Saite. Das Plektrum muss aus der A-Saite heraus und über die D-Saite bewegt werden, um für den Aufschlag auf der zweiten Note des Licks zurückzukommen.

Auf der zweiten Zählzeit beginnt die sechstönige Figur erneut auf dem 12. Bund der D-Saite.

Beispiel 4i:

Die Saitenwechsel können wie folgt isoliert werden.

Beispiel 4j

Wenn du es übertreiben willst, vergrößere den Abstand durch Saitensprünge.

Beispiel 4k:

Eine übertriebene Saitensprung-Version des Pickings in Beispiel 4i könnte wie folgt aussehen.

Beispiel 4l:

Die letzte Art des Saitenwechsels, die für das Alternate Picking in Frage kommt, ist der Wechsel von einem von außen gepickten Aufwärtsschlag zu einem Abwärtsschlag auf einer tieferen Saite.

Da du den Prozess bereits kennst, findest du hier eine Übung (Beispiel 4m), die dazugehörige Isolationsübung mit Saitenwechsel (Beispiel 4n) und die Übertreibungsübung (Beispiel 4o).

Alle drei werden so gespielt, dass das Plektrum beim Aufwärtsschlag aus der Saitenebene austritt (siehe Video).

Beispiel 4m:

Beispiel 4n:

Beispiel 4o:

Das Spielen von auf- und absteigenden Tonleitern und Sequenzen erfordert zweifelsohne eine Mischung aus Saitenwechseln, die eine Herausforderung für die Fähigkeit darstellen, alles zusammenzuhalten.

Um gemischte Saitenwechsel methodisch anzugehen, beginne mit kleinen Zellen von Noten und Saiten, die unterschiedliche Herausforderungen bieten, und wende dann die LIE-Methode an.

Beispiel 4p bewegt sich in einer einoktavigen C-Dur-Tonleiter auf und ab. Die Zahlen über der Notation geben an, welche Art von Saitenwechsel gilt.

Beispiel 4p:

Um die Saitenwechsel beim Innenpicking zu isolieren und dich darauf zu konzentrieren, übertreibe die Anzahl der Saitenwechsel.

Beispiel 4q:

Bei den Außenpicking-Saitenwechseln kann auch die Wiederholung angewendet werden.

Beispiel 4r:

Hier ist eine Übertreibungsübung für Beispiel 4p, die auf der A-Saite beginnt und dann zur G- und hohen E-Saite übergeht. Dies wird den Schwierigkeitsgrad beim Wechseln der Saiten im Takt verstärken, also spiele mit sauberen, präzisen Plektrumanschlägen.

Beispiel 4s:

Zum Abschluss dieses Kapitels habe ich eine Etüde geschrieben (Beispiel 4t), die Alternate-Picking-Saitenwechsel mit den Konzepten der Fingerunabhängigkeit aus Kapitel 2 kombiniert.

Die Hauptlinie greift durchgehend auf Ideen der chromatischen Tonleiter zurück, wird aber über eine i-iv-V-Progression aus der Tonart A-Moll gespielt.

Jeder Takt stellt eine andere Herausforderung dar. Suche dir also die Takte heraus, die dir schwieriger erscheinen als die anderen, und achte genau auf die Fingersätze, um sicherzustellen, dass du jede Phrase wie vorgesehen greifst.

Der Backing Track ist in zwei Geschwindigkeiten verfügbar. Spiele darüber, sobald du alle Teile verbunden hast!

Beispiel 4t:

Im nächsten Kapitel befassen wir uns mit den Herausforderungen des Timings und der Synchronisierung von Sweep und Economy Picking.

Kapitel Fünf: Saitenübergänge - Sweep und Economy Picking

Sweep und Economy Picking unterscheiden sich vom Alternate Picking durch die Art und Weise, wie der Saitenwechsel gehandhabt wird.

Die beiden Bezeichnungen sind austauschbar und funktionieren auf die gleiche Weise, aber im Sprachgebrauch der Gitarristen wird der Begriff Sweep Picking oft dem Arpeggio-Vokabular zugeordnet, während Economy Picking als skalenbasierter Ansatz betrachtet wird.

In beiden Fällen nimmt das Plektrum den direktesten Weg zu jeder neuen Saite, anstatt über sie zu springen (siehe das Alternate-Picking-Beispiel 4r). In vielen Fällen ist der direkte Weg von einer Saite zur anderen eine Sweep-Picking-Bewegung, bei der ein Plektrumschlag für zwei Saiten und mehr verwendet wird.

Beim Saitenwechsel sind die Synchronisations- und Timingprobleme zwischen Tonleitern und Arpeggien ähnlich, treten aber aufgrund der Anzahl der Noten pro Saite in einem anderen Verhältnis auf.

Da Arpeggios, die nur eine Note pro Saite enthalten, alle mit einem Sweep-Picking gespielt werden können, fangen wir damit an. Für Arpeggio-Beispiele werde ich Dur- und Moll-Dreiklangsmuster wie diese verwenden:

Abbildung 2: G-Dur und A-Moll-Dreiklänge

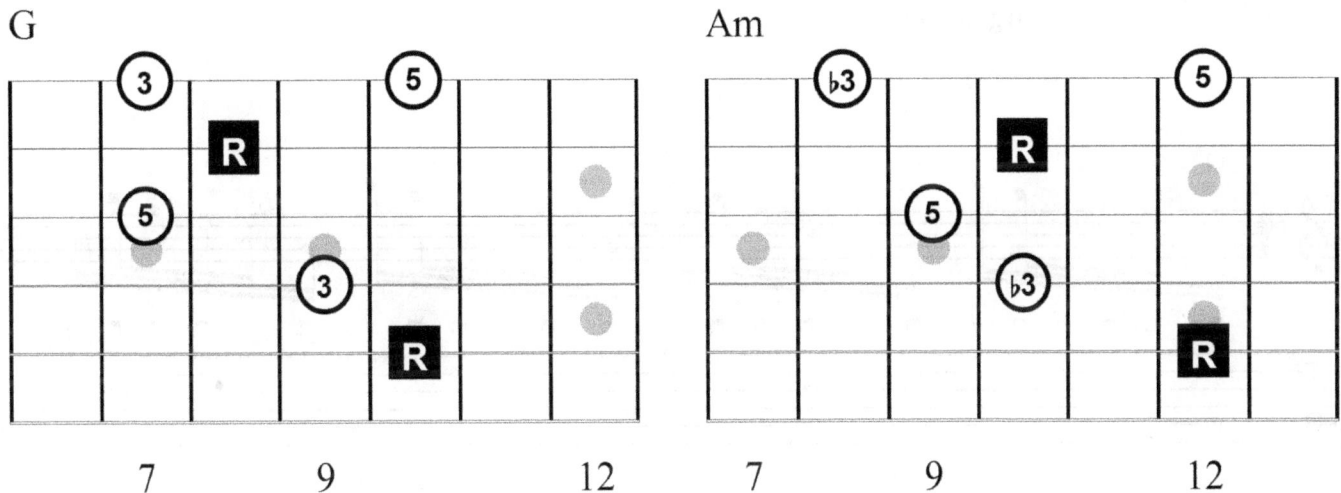

Beim Sweep-Picking werden mit einer Abwärts- oder Aufwärtsbewegung mehrere Saiten in einer Richtung durchschritten. Seine größte Stärke ist daher auch die Möglichkeit unsynchronisierter Bewegungen zwischen den Händen und dem Beat.

Da Sweepen anfangs wie das Kontrollieren eines Balls erscheint, der einen Hügel hinunterrollt, laufen unerfahrene Sweeper Gefahr, durch unartikulierte Notenfluten zu streichen, bei denen nur die erste und die letzte Note unterscheidbar sind. Synchronisation ist ein wesentliches Element, damit Sweeps artikuliert klingen.

Schauen wir uns an, wie weit du mit dem Sweepen eines G-Dur-Dreiklangs bist. Nimm die erste Form oben und spiele einen Sweep von der A-Saite zur hohen E-Saite mit einem großen Abwärtsschlag, gefolgt von einem Aufwärtsschlag bei der höchsten Note.

Achte im Video zu diesem Beispiel auf die *angelegten Anschläge* meiner Spielhand. Das Plektrum landet auf jeder neuen Saite direkt von der vorherigen Saite und nicht in separaten Abwärtsbewegungen für jede Note.

Beispiel 5a:

Zeit für Ehrlichkeit! Wenn du das vorige Beispiel mit deiner schnellstmöglichen Geschwindigkeit spielst, klingt es dann synchron, artikuliert und im Takt?

Oder klingt es eher so: übereilt, perkussiv in der Mitte und ohne dass die Finger mit dem Plektrumschlag verbunden sind?

Beispiel 5a2: Samstagmorgens im Musikgeschäft

Wie wäre es mit der absteigenden Version, bei der ein Aufschlag-Sweep auf einen Abschlag folgt? Probiere dieses Beispiel aus und bewerte dein Timing und deine Synchronisation.

Beispiel 5b:

Wenn wir nicht aufpassen, können uns diese Sweeping-Anschläge entgleiten. Deshalb ist es von Vorteil, die Sweepings in kleinen Fragmenten zu analysieren, bevor sie wieder erweitert werden.

Hier sind die aufsteigenden G-Dur-Sweeps, unterteilt in separate aufsteigende Abschnitte mit drei Noten (Beispiel 5c) und absteigende Abschnitte (Beispiel 5d). Führe jede Gruppe mit einem soliden Zeitgefühl aus und achte darauf, dass jeder Plektrumanschlag mit einem Finger der Greifhand gepaart ist.

Wenn du diese Beispiele mit verschiedenen Metronomgeschwindigkeiten (zusammen mit dem Fußklopfen) bearbeitet hast, sehe dir Beispiel 5a noch einmal an, um zu sehen, ob es sich verbessert hat.

Beispiel 5c:

Beispiel 5d:

Verwenden die Moll-Dreiklangsform aus Abbildung 2 und kombiniere aufsteigende und absteigende Sweeps. Um die Spielhand in den 1/8-Triolenrhythmus dieses Beispiels einzubinden, beginne an den angegebenen Stellen mit der Akzentuierung. Wenn du schneller wirst, kannst du die Akzente auf die erste Note jeder Richtung beschränken.

Beispiel 5e:

Um Slides zwischen Arpeggios zu meistern, können sie für den Synchronisationsfokus isoliert und dann durchgespielt werden, wie in Beispiel 5f gezeigt.

Beispiel 5f:

Die Herausforderung eines gut getimten, synchronisierten Economy-Pickings für Tonleitern ist etwas anders. Anstatt das Plektrum wie bei einem Arpeggio in schneller Folge über mehrere Saiten zu bewegen, wird beim Tonleiterspiel zwischen den Saitenwechseln mit Alternate Picking gespielt.

In Beispiel 5g beginnt jede aufsteigende Saite mit einem Abwärtsschlag und jede absteigende Saite mit einem Aufwärtsschlag. Das Plektrum sweept jeden Wechsel und muss nie die Ebene der Saiten verlassen.

Beispiel 5g:

Um das Timing des vorherigen Beispiels zu verbessern, können die Saitenwechsel isoliert und wie folgt wiederholt werden:

Beispiel 5h:

Wenn sich die Saitenwechsel verbessert haben, kehre zu der ursprünglichen Linie in Beispiel 5g zurück. Denke diesmal weniger über die Saitenwechsel nach und setze starke Akzente auf den Beats, damit es wieder um das Timing geht.

Beachte im Video, wie ich das Plektrum in die Richtung neige, in der ich mich bewege, um den Widerstand des Plektrums zu verringern.

Beispiel 5i (Beispiel 5g mit Akzenten):

Der letzte Aspekt des Economy Picking Saitenwechsel-Timings ist die Platzierung der Saitenwechsel im Takt.

Bei Skalen mit drei Noten pro Saite ist es einfach, sich daran zu gewöhnen, auf einem Taktschlag in eine neue Saite zu sweepen, aber es kann schwieriger sein, wenn die Phrasierung nicht stimmt.

Hier ist ein Beispiel für Saitenwechsel, die auf den Zählzeiten 1, 2 und 3 in jedem Takt auftreten.

Beispiel 5j:

Die Verwendung derselben Noten in Unterteilungen von 1/16tel-Noten erfordert etwas mehr Konzentration, also präge dir die vorherige Phrase ein und konzentriere dich auf das Spielen gleichmäßiger Vierergruppen.

Beispiel 5k:

In einer letzten Version der gleichen Picking-Linie wird Beispiel 5l in Sextolen phrasiert. Einige Saitenwechsel erfolgen auf dem Beat, andere auf halber Strecke.

Mechanisch gesehen gibt es keinen Unterschied beim Spielen des Licks, so dass du dich nur auf die Synchronisation mit dem Beat konzentrieren musst.

Beispiel 5l:

Zur Verbesserung der Synchronisation bei Sweep- und Economy-Pick-Linien solltest du Folgendes beachten:

- Konzentriere dich auf das Spielen von Arpeggien in gleichmäßigem Timing, bevor du versuchst, Guinness-Rekorde zu brechen.

- Jeder Finger sollte mit dem entsprechenden Plektrumschlag synchronisiert sein

- Arpeggios können zum Üben des Timings in kleinere Stücke zerlegt werden

- Economy-Picking-Skalen kombinieren Einzelnoten-Alternate-Picking mit Sweeping

- Die Isolierung der Saitenwechsel ermöglicht eine stärkere Konzentration auf das Timing der Saitenwechsel

- Es ist wichtig, an Saitenwechseln zu arbeiten, die nicht immer mit dem Takt übereinstimmen.

Kapitel Sechs: Zusammenspiel von Legato und Picking

Legato, was auf Italienisch „gebunden" bedeutet, wird in der Gitarrensprache hauptsächlich als Technik der Greifhand betrachtet.

Hammer-Ons, Pull-Offs und Slides werden verwendet, um die Noten auf dem Griffbrett miteinander zu verbinden und weichere Klanglinien zu erzeugen als den kräftigeren Anschlag des durchgehenden Pickings.

In diesem Kapitel wird das im ersten Kapitel angesprochene Timing der Greifhand erweitert und die Rolle des Plektrums bei ausgedehnten Legato-Licks sowie die erforderliche Synchronisation zwischen den Händen behandelt.

Beginnen wir mit einem kurzen Vergleich zwischen gepickten Noten und Legato.

Während das Picking eine stetige Möglichkeit bietet, sich auf den Beat einzuspielen (Takt eins), werden beim Legato die Noten von Finger zu Finger artikuliert (Takt zwei), wobei Bindebögen (aufsteigend: Hammer-Ons, absteigend: Pull-Offs) verwendet werden.

Beispiel 6a:

Im zweiten Takt des vorherigen Beispiels müssen die Finger mehr leisten, als nur die Noten zu greifen, damit sie von der Spielhand artikuliert werden können. Jeder Hammer-On und Pull-Off muss hörbar und im Takt sein.

Hier ist eine Möglichkeit, langsamer zu werden, auf jeden Bindebogen zu achten und dann die Frequenz und Geschwindigkeit zu erhöhen. Da es keine Spielhand gibt, in die man sich einklinken muss, kannst du versuchen, mit dem Kopf im Takt zu nicken und mit dem Fuß zu tippen, um den inneren Rhythmus hervorzubringen.

Beispiel 6b:

Beispiel 6c verwendet eine neue sechstönige Figur und bewegt sich auf der G-Saite in jeder Konfiguration von Halbton- und Ganztonabständen abwärts, wobei das Legato in den Takten eins und zwei mit dem Picking in den Takten drei und vier verglichen wird.

Achte darauf, dass beide Hälften der Übung gleichermaßen im Takt bleiben.

Beispiel 6c:

Das Timing der Slides ist ebenfalls ein wesentlicher Aspekt des Legatospiels. In der folgenden Sequenz werden Ganzton- und Halbton-Slides entsprechend der Tonart verwendet, ohne dass ein Plektrum zur Stabilisierung des Timings eingesetzt wird.

Beispiel 6d:

Um das Slide-Timing stufenweise zu üben, probiere diese 1/8-Noten-Version aus. Nachdem du einige Zeit mit diesem Beispiel verbracht hast, kehre zu Beispiel 6d zurück.

Beispiel 6e:

Es gibt verschiedene Möglichkeiten, mehrere Saiten in Legato-Licks einzubauen, um auf jeder Saite in Bewegung zu kommen. Schau dir diese Legato-Übung im Stil von Paul Gilbert an, bei der jede Saite mit einem Plektrumschlag beginnt.

Gilbert bearbeitet die Saiten gerne von außen und denkt von der hohen E-Saite zur B-Saite *auf/ab* und von der G-Saite bis zur B-Saite *ab/auf*.

Beispiel 6f:

Schauen wir uns drei weitere Optionen an.

Zunächst probieren wir das Inside Picking bei jedem Saitenwechsel aus (Beispiel 6g), dann maximieren wir die Möglichkeiten des Sweep Pickings in zwei Richtungen (Beispiel 6h) und schließlich verwenden wir das Plektrum nur für aufsteigende Saiten (Beispiel 6i).

Probiere alle aus und finde deinen persönlichen Favoriten.

Beispiel 6g:

Beispiel 6h:

Beispiel 6i:

Teste das Timing des von dir bevorzugten Ansatzes, indem du die Picking-Elemente isolierst.

Zum Vergleich: Beispiel 6j ist ein Drill, bei dem vom Outside Picking des Beispiels 6f zum Sweep-Ansatz des Beispiels 6g übergegangen wird.

Das Dämpfen der Saiten mit der Greifhand und das perkussive Arbeiten ist eine gute Möglichkeit, das Timing der Plektrumanschläge im Verhältnis zum Metronomschlag zu hören.

Wenn es gehetzt oder schleifend klingt, verlangsame das Tempo, verstärke die Plektrumanschläge, indem du mehr Kraft aufwendest, um den Rhythmus zu betonen, und beschleunige dann wieder, um zu sehen, ob du das Timing-Problem beseitigen konntest.

Beispiel 6j:

Hier ist ein ausführlicherer Vergleich von Saitenwechseln beim Outside Picking (Takt eins) und Inside Picking (Takt zwei). Finde heraus, was dir besser gefällt, und mache es zu deiner bevorzugten Vorgehensweise.

Beispiel 6k:

Um die Übertreibung als Hilfsmittel zur Verbesserung des Pickings und der Legato-Licks zu nutzen, wollen wir die Idee des Saitenspringens wieder aufgreifen, um die Sprünge zwischen den Saiten beim Greifen und Picking zu vergrößern.

Dieses Lick ist eine anspruchsvollere Version der Idee im Stil von Paul Gilbert aus Beispiel 6f.

Beispiel 6l:

Um die Synchronisation des gewählten Picking-Typs über alle Saiten hinweg zu testen, findest du hier einen viertaktigen absteigenden Lauf, der über einen A-Moll-Akkord oder einen A-Power-Akkord funktioniert.

Die angegebenen Anschläge spiegeln eine Präferenz für das Outside Picking wider. Um das Inside Picking zu verwenden, kehre jeden Plektrumschlag um, außer dem letzten Aufwärtsschlag in Takt vier.

Beispiel 6m:

Um das Timing und die Synchronisation jedes Legato-Licks, an dem du arbeitest, zu perfektionieren, solltest du folgende Punkte beachten:

- Den Rhythmus des Licks, d. h. 1/16tel Noten, 1/8tel Triolen usw.

- Welche Finger auf die Schläge des Taktes fallen

- Wo die Saitenwechsel stattfinden und wie du sie ausführst

- Das Gesamttiming des Licks bei angenehmen Geschwindigkeiten

- Alle Probleme, die beim Beschleunigen auftreten. Finde sie, isoliere sie und übertreibe sie, um sie zu überwinden.

Zusammenfassung des ersten Abschnitts

In den Kapiteln dieses Abschnitts haben wir eine Reihe praktischer Hilfsmittel für ein besseres Gitarrenspiel behandelt und damit die Grundlage geschaffen, um im zweiten Abschnitt schneller voranzukommen.

Du hast nun beste Voraussetzungen, dein Timing, deine Synchronisation und deine allgemeine Fähigkeit, das Instrument zu beherrschen, zu verbessern, während du dich weiter durch das Buch arbeitest.

Hier ist eine Liste dessen, was du im ersten Abschnitt erreicht hast:

- Verbesserung deines inneren Timings, indem du gelernt hast, deinen Körper im Takt zu halten

- Den Beat beim Picking in verschiedene Unterteilungen aufteilen und dabei im Takt bleiben

- Zeitliche Abstimmung der Finger der Greifhand

- Synchronisierung der Hände, damit sie als eine kohärente Einheit arbeiten

- Schwierige Fingersätze finden und mit gezielten Übungen überwinden

- Chromatische und diatonische Übungen zur Festigung guter Gewohnheiten

- Lokalisieren, Isolieren und Übertreiben von Herausforderungen, um sie zu überwinden

- Saitenwechsel bei Alternate Picking, Sweep/Economy Picking und Legato

- 90 Übungen für die Praxis

Im zweiten Teil gebe ich dir die Werkzeuge an die Hand, mit denen du schneller und ökonomischer spielen kannst.

Zweiter Abschnitt: Beschleunigung

„Wenn du etwas willst, was du nie hattest, musst du bereit sein, etwas zu tun, was du nie getan hast". - wird oft Thomas Jefferson zugeschrieben.

Das Zitat stammt zwar vielleicht nicht von Jefferson, aber es bietet einen Einblick in das, was Fortschritt bedeutet.

Wachstum findet außerhalb der Komfortzone statt, und das Erreichen neuer Ziele wird oft durch eine neue Denkweise erleichtert.

Wir alle haben schon gut gemeinte Ratschläge gehört, wie man schneller auf der Gitarre spielen kann. Zu den häufig angebotenen Tipps gehören:

- Langsam üben, um schnell zu werden

- Geschwindigkeit entsteht durch Wiederholungen

- Du brauchst nur kleine Bewegungen

- Du solltest immer mit einem Metronom üben

- Erhöhe das Tempo des Metronoms jeweils um ein paar Schläge pro Minute, um schneller zu werden.

- Es muss erst perfekt sein, bevor es schnell sein kann

Einige der oben genannten Maßnahmen sind für die Entwicklung der motorischen Fähigkeiten, das Spielen im Takt und das Streben nach mehr Qualität von Vorteil - alles großartige Eigenschaften für dein Spiel. Du hast bereits mehrere dieser Prozesse durchlaufen, um zu diesem Punkt im Buch zu gelangen.

Aber um das eigene Geschwindigkeitspotenzial zu entwickeln, muss die Geschwindigkeit als eigenständiges Ziel betrachtet werden. Wenn alle oben genannten Tipps für die Entwicklung der Geschwindigkeit hinreichend sein würden, wäre jeder, der ordentlich nach einem Metronom spielen kann, so schnell wie er will.

Einige Studien haben sogar gezeigt, dass die gedankenlose Wiederholung des Gleichen weniger nützlich ist als die Konzepte in diesem Abschnitt.

Wenn du alle oben genannten Methoden ausprobiert hast und nicht mit der gewünschten Geschwindigkeit spielen kannst, weißt du bereits, dass es noch mehr zu beachten gilt. Ein neuer Ansatz ist erforderlich.

In diesem Abschnitt führe ich dich durch die Schritte, mit denen du nach mehr streben und schneller spielen kannst, indem wir ein System verwenden, das ich vor drei Jahrzehnten für meine Übungsroutinen entwickelt habe.

Als Teenager habe ich den Prozess von meinen ersten Aufwärtsschlägen bis zum Nachspielen meiner Lieblings-Speed-Licks anhand von Videos von Paul Gilbert und Vinnie Moore in weniger als zwei Jahren durchlaufen, und das, obwohl ich noch dabei war, meinen eigenen Übungsansatz zu finden.

Wenn du das Material hier studierst, wirst du sicher in einem Bruchteil der Zeit, die ich gebraucht habe, Ergebnisse erzielen.

Bevor wir die Schlüssel zum Lamborghini in die Hand nehmen und aufs Gaspedal treten, ist es wichtig, ein entspanntes Gitarrenerlebnis zu schaffen.

Kapitel Sieben behandelt das entspannte Spielen, um Verletzungen zu vermeiden, Kraft zu sparen und die Ergebnisse für den Rest des Buches zu maximieren.

Kapitel Sieben: Spielen ohne Anspannung

Muskelverspannungen sind der Feind von Schnelligkeit, Flüssigkeit und - was noch schlimmer ist - von Langlebigkeit als Spieler, wenn sie zu Verletzungen führen. Eine Spielweise, die Schmerzen verursacht, zahlt sich nicht aus. Das sind alles schlechte Nachrichten.

Muskelanspannung ist etwas anderes als der Einsatz von Technik, um Dynamik, Aggressivität, Akzente usw. zu erzeugen. All dies kann auf mechanisch verantwortungsvolle Weise erreicht werden, ohne dass es zu Schmerzen und Unbehagen kommt, die durch Verspannungen verursacht werden.

Als ich dieses Thema im Laufe der Jahre in zahllosen Unterrichtsstunden behandelte, sagte ich meinen Schülern oft im Scherz, dass es zwei Schritte gebe, um ohne Anspannung zu spielen:

1. Ohne Anspannung beginnen

2. Diesen Ansatz beibehalten

So wenig hilfreich der Scherz auch sein mag, er bringt den Punkt der Gewohnheit zur Sprache. Viele Spieler, die Anspannung entwickelt haben, taten dies durch Wiederholung. Etwas wurde mit zu viel Spannung gespielt, dann wieder und wieder, bis das angespannte Spielen zum Standard wurde.

Umgekehrt werden viele legendäre Spieler, die mitreißende Linien spielen, dafür gelobt, wie mühelos sie das bewerkstelligen können.

Die gute Nachricht ist, dass sich gute und schlechte Gewohnheiten auf die gleiche Weise entwickeln - eine Wiederholung nach der anderen. Die Korrektur deiner Technik mag frustrierend sein, aber bedenke, dass jede korrekte Wiederholung einer Bewegung dich der Standardreaktion deines Körpers näherbringt.

Gelegentlich wirst du in deine alten Gewohnheiten zurückfallen, aber je mehr korrekte Wiederholungen du vollbringst, desto wahrscheinlicher wirst du gute Standardentscheidungen treffen. Gib dir selbst eine Rückmeldung, wenn du eine zu große Anspannung bemerkst, und beginne dann von vorn.

Es gibt eine Umstellungsphase, in der es sich vielleicht vertrauter anfühlt, etwas falsch zu machen, als es richtig zu machen, aber das ist der Prozess der Verbesserung. Genau wie der Ton in einem Töpferkurs müssen deine guten Gewohnheiten lange genug im Brennofen sein, damit sie von Dauer sein werden und nicht so leicht kaputtgehen.

Jeden Ratschlag hier gebe ich dir als Gitarrist, nicht als Arzt. Bitte suche professionellen Rat und Behandlungsmöglichkeiten, wenn du bereits unter vorübergehenden oder langfristigen Schmerzen durch das Gitarrenspiel leidest.

Da ich nun denke, dass man mich nicht mehr verklagen können wird, lass uns fortfahren.

Meine Checkliste ist dieselbe, unabhängig davon, ob du dieses Thema aus einer präventiven oder einer korrigierenden Perspektive angehst.

Die Bereiche, die ich zum Thema Verringerung/Vermeidung von Spannungen gerne anspreche, sind:

• Körperhaltung und Positionierung der Gitarre

• Druck der Greifhand

- Attack der Spielhand

- Picking-Dynamik mit nachhaltiger Mechanik

- Entkopplung von Spannung und Tempo

Körperhaltung und Position

Bei der Positionierung der Gitarre lege ich Wert darauf, dass sie bequem und ergonomisch sitzt. Ich möchte, dass meine Hände die Gitarre spielen, nicht hochhalten.

Das erste, was ich tue, um meine Haltung zu verbessern, ist, gerade auf einem Stuhl zu sitzen, so dass meine Füße flach auf dem Boden liegen und meine Knie um neunzig Grad gebeugt sind. Ich möchte nicht einmal, dass meine Wadenmuskeln angespannt werden.

Ich lege meine Gitarre in der so genannten klassischen Position auf mein linkes (nicht-dominantes) Bein und benutze einen Hocker unter diesem Fuß. So formell es auch klingt, diese Positionierung ermöglicht es meiner Gitarre, perfekt zu sitzen und spielbereit zu sein - sogar ohne Gurt oder bevor ich meinen Unterarm auf den Gitarrenkorpus lege.

Meine Gurtlänge ist so eingestellt, dass sie in der sitzenden Position nur wenig Spielraum hat. Ich kann aufstehen und die Gitarre in einer ähnlichen Position halten, was das Problem beseitigt, dass ich nicht aufstehen kann, um Dinge zu spielen, die ich im Sitzen geübt habe. Damit sehe ich zwar nicht so cool aus wie Slash, aber es sorgt für Konsistenz.

Abbildung 3:

Es ist auch in Ordnung, die Gitarre auf das dominante Bein zu legen, wenn man stundenlang in dieser Position spielen kann. Nach vielen Jahren in dieser Haltung habe ich mich dabei ertappt, dass ich meinen Körper verdreht und meine Schultern nicht mehr gerade gehalten habe, wenn ich nicht Gitarre gespielt habe.

Wenn du das Gefühl hast, dass deine Gitarre in der „Rock-Position" ein wenig verdreht ist oder nicht vollständig gestützt wird, probiere die klassische Position aus und schau, wie es sich anfühlt.

Druck der Greifhand

Da deine Gitarre nun sicher sitzt und du sie nicht mit den Händen stützen musst, solltest du dich mit dem Druck der Greifhand befassen.

Erinnerst du dich an den ersten offenen Akkord, den du gelernt hast, oder an die erste Note, die du greifen musstest? Es fühlte sich an, als bräuchte man all die Kraft, die man aufbringen konnte, um die Saiten bis zu dem Punkt zu drücken, an dem sie einen Ton erzeugten.

Mit der Zeit hast du bewiesen, dass diese ersten Herausforderungen nicht so komplex waren, wie sie anfangs schienen. Du hast deine Finger etwas gestärkt, deine Technik verbessert, angefangen, direkt hinter dem Bundstab zu greifen, und so weiter.

Als erfahrener Spieler ist es an der Zeit, das zu hinterfragen, was du derzeit vielleicht aus Gewohnheit tust, z. B. wie stark du die Saiten im Skalen- und Lead-Spiel anschlägst.

Wenn du das Gefühl hast, dass dein Greifarm verspannt ist (Finger, Handgelenk, Unterarm usw.), findest du hier eine einfache Übung zum Umlernen.

Halte den Daumen hinter dem Hals und berühre mit dem Zeigefinger die B-Saite am 5. Bund, ohne sie herunterzudrücken.

Wenn du die gedämpfte Saite anschlägst, hörst du einen perkussiven Klang. Bringen deinen Zeigefinger über mehrere Anschläge hinweg allmählich nach unten zum Griffbrett, bis du einen klaren Ton hörst. Halte diesen Ton einen Moment lang mit dem geringen Druck, der nötig war, um ihn zum Klingen zu bringen, und wiederhole dann den Vorgang vom „gedämpften" zum klaren Ton.

Beispiel 7a:

Gehe bei den übrigen Fingern genauso vor: Beginne ohne Druck und höre auf, wenn du einen klaren Ton hörst.

Beispiel 7b:

Spiele nun jede der klaren Noten mit dem gleichen Druck, den du für die letzte Note jedes Fingers in Beispiel 7b angewendet hast. Für die Übung sollte nur der benutzte Finger die Saite berühren.

Beispiel 7c:

Du hast jede Note mit einem Minimum an Kraft gespielt, so dass kein hoher Druck erforderlich war. Derselbe entspannte Zustand sollte auch für den Daumen gelten und diesen minimalistischen Ansatz widerspiegeln.

Um auf diese Weise weiter zu trainieren, musst du mehr Zeit für einfache Übungen wie die in diesem Abschnitt aufwenden und dich daran erinnern, wie wenig Anstrengung es kostet, einen Ton zu erzeugen.

Wenn du Übungen wie diese spielst, ist das Übungsziel, nicht ein Jota mehr als nötig nach unten zu drücken. Wähle ein langsames Tempo, z. B. 80 bpm, und wiederhole einfach langsame, anmutige Bewegungen, um bessere Gewohnheiten zu entwickeln.

Beispiel 7d:

Das nächste Ziel ist es, in der Lage zu sein, auf einem höheren dynamischen Niveau zu spielen, wobei die Intensität des Plektrum-Anschlags die einzige Variable darstellt. Die Spielhand darf keinen Einfluss auf den Druck der Greifhand haben.

Der Druck der Greifhand sollte während des gesamten Beispiels 7e konstant bleiben, während das Plektrum zunächst mäßig anschlägt (Takt eins) und dann etwas härter spielt, um eine Reihe von akzentuierten Anschlägen zu erzeugen (Takt zwei).

Wenn du das Gefühl hast, dass du mit den Greiffingern jedes Mal fester zudrückst, wenn du Akzente setzt, konzentriere dich darauf, diese Verbindung zwischen den beiden Händen zu lösen. Einfache Übungen wie diese helfen dir, die Anspannung der Greifhand zu kontrollieren und sie aufzulösen, sobald du sie bemerkst.

Beispiel 7e:

Wenn du die Abhängigkeit von Greifdruck und Pick-Attack durchbrechen kannst, beinhaltet die folgende Trennungsübung Druck und Geschwindigkeit.

Wenn bei der nächsten Übung zwischen 1/8- und 1/16-Noten gewechselt wird, sollte die Greifhand nicht unterschiedlich agieren.

Teste diese Übung in verschiedenen Geschwindigkeiten und behalte dabei stets die sanften Fingerbewegungen bei, die du zum Greifen benötigst.

Beispiel 7f:

Versuche mit Hilfe der in diesem Abschnitt behandelten Umschulung, entspanntes (aber klares) Greifen zu deiner Standardmethode für Noten in Licks und Tonleitern zu machen.

Attack der Spielhand

Verspannungen in der Greifhand können von verschiedenen Bereichen ausgehen. Daher ist es wichtig, ein gutes Bewusstsein für die eigenen Muskeln zu entwickeln und bereits bestehende oder neue Probleme zu erkennen.

Verspannungen in Rücken, Nacken, Schultern, Bizeps und Trizeps, Ellbogen, Unterarm und Handgelenk können sich nachteilig auf das Gitarrenspiel auswirken und umgekehrt. Dehne dich ausgiebig und massiere dich selbst, wenn du Probleme verspürst, bevor du die Gitarre in die Hand nimmst. Und natürlich solltest du dich bei anhaltenden Schmerzen und Verspannungen von einem Fachmann behandeln lassen.

Ich möchte, dass du in diesem Abschnitt erfährst, wie es sich anfühlt, ohne Spannung zu picken und eine nachhaltige Mechanik für jegliches Picking zu verwenden.

Beginnen wir mit dem Greifen des Plektrums, damit du dich daran gewöhnst, ohne Spannung zu spielen.

Der Griff des Plektrums sollte fest, aber nicht verkrampft sein. Nimm jetzt dein Plektrum zur Hand und versuche, den optimalen Druck zu finden.

Lege das Plektrum locker zwischen Daumen und Zeigefinger und erhöhe allmählich den Druck, bis sich dein Griff fest, aber nicht zu steif anfühlt. Wenn du merkst, dass sich die Muskeln deines inneren oder äußeren Unterarms beim Drücken des Plektrums anspannen, ist das zu viel. Lockere den Griff ein wenig.

Versuche mit dem Daumen und den Fingern der anderen Hand, das Plektrum von der Spielhand wegzuziehen. Wenn das Plektrum leicht herausrutscht, musst du es eventuell anders greifen.

Ein Griff, den ich sehr funktionell finde, ist der *Curl-Griff,* den ich in meinem Buch *„Alternate Picking für Gitarre"* beschreibe.

Beim Curl-Griff wird die Seite des Zeigefingers verwendet, der nach innen gekrümmt ist und sich mit dem Daumenballen trifft. Die Oberfläche des Plektrums hat viel Kontakt mit den Fingern und dem Daumen, was einen festen und dennoch bequemen Griff ermöglicht.

Abbildung 4:

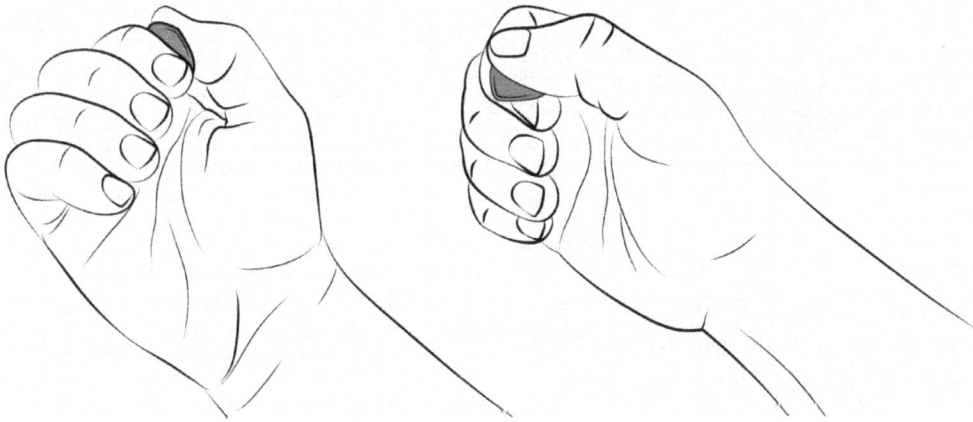

Wenn das Plektrum an Ort und Stelle ist, besteht das Ziel der Dynamikübung darin, weich, hart, schnell oder langsam zu picken, ohne den Druck zu verändern, mit dem das Plektrum gehalten wird.

Die Dynamik des Anschlags (d. h. die Lautstärke oder Weichheit des Plektrumanschlags) wird nicht durch das Greifen des Plektrums mit unterschiedlicher Intensität erzeugt, sondern dadurch, wie weit das Plektrum in die Saite gesenkt wird.

Die Spitze des Plektrums erzeugt den weichsten Klang. Wenn du das Plektrum näher an den Korpus der Gitarre heranführst, erhöhst du die Lautstärke und die Härte.

Als Dynamikübung hältst du einen gleichmäßigen 1/8-Noten-Rhythmus auf einer einzelnen Note (Beispiel 7g).

Beginne mit dem geringsten Kontakt zwischen dem Plektrum und den Saiten. Senke die Spitze des Plektrums mit jedem Schlag etwas weiter in die Saite hinein und du erreichst am Ende des dritten Taktes eine deutlich höhere Lautstärke.

Wiederhole den Vorgang, wobei du bei Takt eins jedes Mal sofort zu einem weichen Anschlag zurückkehrst. Kontrolliere dein Timing, und lasse dich durch den variierenden Kontakt zwischen Plektrum und Saiten weder verlangsamen noch beschleunigen.

Wenn sich eine Spannung in deinem Picking-Arm entwickelt, achte darauf, dass du das Plektrum nicht fester drückst, wenn die Dynamik von weich zu hart wechselt. Vermeide es auch, mit der Greifhand fester nach unten zu drücken, da sich das Plektrum dann weiter in die Saiten gräbt.

Es ist in Ordnung, wenn man spürt, dass ein bestimmter Muskel stärker aktiviert wird, wenn die Tiefe des Plektrums einen größeren Widerstand erzeugt, solange es nicht zu Verspannungen und vor allem nicht zu Unbehagen oder Schmerzen kommt. Den Unterschied zu spüren ist entscheidend, um zu verstehen, wie dein Körper funktioniert, und zu wissen, wann du aufhören und es neu versuchen solltest.

Schau dir das Video an, um eine Nahaufnahme dieses Beispiels zu sehen.

Beispiel 7g:

Ein dünnes Plektrum kann anfangen zu flattern, wenn du den Kontakt mit der Saite verstärkst. Denke daher über ein dickeres Plektrum nach, wenn du mit deinem derzeitigen Plektrum keine große Bandbreite an Anschlagsstärken erreichst.

Um die Dynamik von hartem und weichem Picking direkter zu vergleichen, wiederhole die Beispiele 7h und 7i und verwende dabei nur die Plektrumtiefe, um zwei verschiedene Anschlagstärken zu erzeugen.

Beispiel 7h:

Beispiel 7i:

Die letzte Entkopplung, die in diesem Kapitel behandelt wird, ist die der Anspannung von der Beschleunigung.

Wir alle haben schon schnelle Spieler gesehen und bemerkt, wie entspannt sie aussehen. Der Entspannungsfaktor ist kein Zufall, sondern trägt wesentlich dazu bei, dass man Tempo machen kann, ohne gleich zu verkrampfen.

Unabhängig davon, ob die Technik des Pickings auf dem Handgelenk, dem Ellbogen, dem Unterarm oder einer Kombination von allem basiert, muss die Erhöhung der Geschwindigkeit nicht mit einer erhöhten Spannung einhergehen.

Wenn du das Gefühl hast, dass deine Muskeln bei höheren Geschwindigkeiten blockieren oder verkrampfen (oder wenn du Schwierigkeiten hast, eine hohe Geschwindigkeit zu erreichen), versuche dieses Tremolo-Picking-Experiment, um deine Picking-Technik beim Beschleunigen und Verlangsamen mit diesem Ansatz zu beobachten (Beispiel 7j).

Es spielt keine Rolle, wie hoch deine Mindest- und Höchstgeschwindigkeit im Moment ist, denn bei der Übung geht es um die Abstufung des Tempos bei gleichzeitiger Vermeidung von Spannungen.

Das Tremolo-Picking einer einzelnen Note ist eine hervorragende Möglichkeit, sich ganz auf die Spielhand zu konzentrieren - was sie tut, wie sie sich anfühlt, welche Veränderungen auftreten usw. Kontrollierte Geschwindigkeitsläufe ermöglichen es dir, ein Gefühl für schnelles Spielen zu bekommen und gleichzeitig gute Gewohnheiten zu entwickeln und die Ausdauer zu verbessern.

Versuche folgende Schritte.

1. Tremolo-Picking: ein Bund, eine Saite (Beispiel 7j), beginnend mit einem gleichmäßigen, nachhaltigen Tempo

2. Behalten denselben Griff und Druck auf das Plektrum bei

3. Beschleunige durch Erhöhung der Bewegungsfrequenz, ohne das Plektrum fester zu greifen oder die Muskeln zu überlasten

4. Erhöhe die Geschwindigkeit für einen Moment bis an die Grenze deines Könnens, drossele sie dann wieder auf die ursprüngliche Geschwindigkeit und erhöhe sie wieder. Verringere die Anschlagtiefe, wenn du spürst, dass das Plektrum zu viel Widerstand auf der Saite erzeugt.

5. Überwache das Gefühl in deinem Greifarm bei jeder Geschwindigkeit und achte darauf, dass du dich nicht überanstrengst.

6. Beende den Vorgang nach ein paar Runden des Beschleunigens und Verlangsamens oder wenn du Schmerzen verspürst.

Beispiel 7j:

Wiederhole den Vorgang mit separaten Noten für die Greifhand. Wenn du an diesem Punkt immer noch das Gefühl hast, dass es der Spielhand an Freiheit mangelt, lese die Hinweise zur Fehlerbehebung am Ende des Kapitels, um die Funktionalität deiner Picking-Technik neu zu bewerten.

Beispiel 7k:

Beschleunige und verlangsame das Wiederholungs-Lick in Beispiel 7l über die Saiten hinweg. Die Plektrum-Anschläge sind weggelassen, weil du dies auch als Alternate- oder Economy-Picking-Ostinato ausprobieren kannst.

Beispiel 71:

In den einzelnen Kapiteln haben wir eine gute Form aufgebaut, die Synchronisation verbessert und Spannungen abgebaut.

Eine gute Form ist wie eine Programmierung, bei der du deinem Körper Befehle erteilst und von ihm eine Rückmeldung darüber erhältst, wie sich die Dinge anfühlen und anhören. Diese Werkzeuge werden hilfreich sein, wenn wir uns in Kapitel acht mit den Strategien für mehr Geschwindigkeit beschäftigen.

Hier sind die wichtigsten Erkenntnisse aus diesem Kapitel:

- Verspannungen sind ein Hindernis für die Geschwindigkeit

- Ergonomische Haltung und Positionierung geben dir den richtigen Start in ein komfortables Spiel

- Die Greifhand braucht nur so viel Druck, dass ein klarer Ton entsteht

- Die Dynamik der Spielhand wird durch Technik und Widerstand erzeugt, nicht durch Anspannung.

- Der Druck der Greifhand sollte unabhängig von der Dynamik der Spielhand bleiben

- Akzente und Geschwindigkeit können ohne Anspannung der Muskeln erreicht werden

Fehlerbehebung: Missratene Plektrumanschläge

Aus mechanischer Sicht gibt es nicht nur eine Art und Weise, schnell zu picken, wie du feststellen wirst, wenn du das Handgelenk-Picking von Al Di Meola und John McLaughlin, das Ellbogen-Picking von Vinnie Moore und Rusty Cooley und die Handgelenk-Unterarm-Finger-Mischung von Yngwie Malmsteen vergleichst.

Was die besten Speedster gemeinsam haben, ist die Beherrschung einer logischen Plektrum-Bewegung, die es vermeidet, bei jedem Schlag in die Saiten hinein- und wieder herauszuschaufeln.

Beobachte nun deine Grundbewegung beim Picking, indem du entweder eine Note tremolierst oder eine der Übungen für eine einzelne Saite spielst, an denen du gearbeitet hast.

Wenn sich das Plektrum wie in Abbildung 5 U-förmig in die Saiten hinein- und wieder herausbewegt, arbeitest du zu viel und das kostet dich Zeit und Geschwindigkeit.

Abbildung 5:

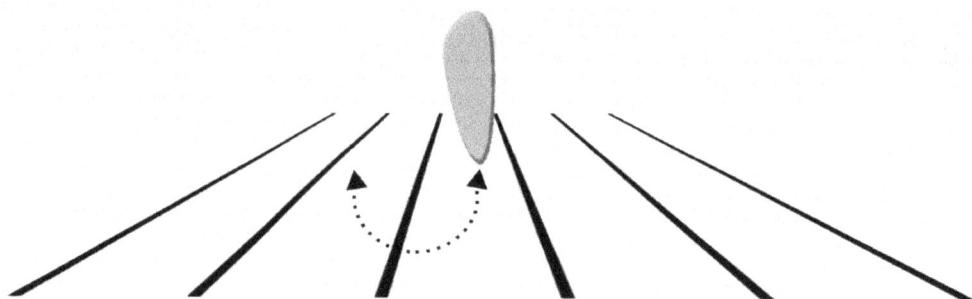

Das geradlinige Picking ist die ökonomischste (und daher schnellste) Art, eine Saite auf und ab anzuspielen.

Manchmal müssen wir die geradlinige Pickingbewegung abwinkeln, um das Plektrum nach einem Aufwärtsschlag aus den Saiten zu bekommen, ein anderes Mal nach einem Abwärtsschlag, je nachdem, wohin das Lick als nächstes geht. Auf einer Saite ist das U-förmige Picking unnötig.

Hier siehst du eine Illustration des abgewinkelten, geradlinigen Pickings der G-Saite, wobei du dich beim Abwärtsschlag unter und beim Aufwärtsschlag über die Saitenoberfläche bewegst.

Spieler wie Eric Johnson, Mike Stern, Yngwie Malmsteen und ich selbst picken die meiste Zeit entlang dieses Pfades und strukturieren viele Picking-Linien so, dass wir in dieser Ausrichtung bleiben können.

Abbildung 6:

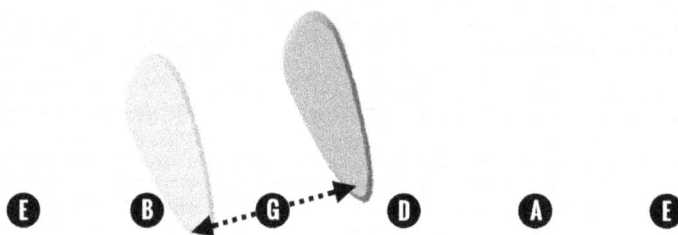

Und hier bewegt sich das Plektrum bei Abwärtsschlägen *über* und bei Aufwärtsschlägen *unter* die Oberfläche der Saiten. Du wirst diesen Verlauf in den Picking-Linien von Al Di Meola, Vinnie Moore, Andy James und Rusty Cooley sehen. Sie ist genauso effektiv wie die zuvor beschriebene Richtung.

Abbildung 7:

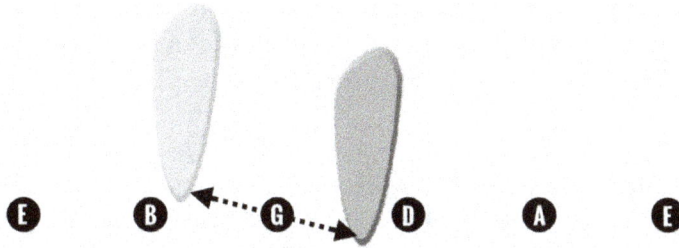

Beide Bewegungsverläufe werden im Bonusvideo demonstriert.

Um eine geradlinigere Bewegung beim Picking zu erreichen, wiederhole die Beispiele 7j und 7k. Achte darauf, wo jeder Abwärtsschlag endet, und kehre dann für den Aufwärtsschlag auf demselben Weg zurück.

Wenn du bemerkst, dass sich wieder eine U-Form in die Pickingbewegung einschleicht, höre auf, beginne erneut und beschleunige. Du wirst wissen, ob es funktioniert, weil sich dein Tremolo-Picking leichter und logischer anfühlt und weniger anstrengend ist.

Alternate Picking für Gitarre (und mein optionales Video-Erweiterungspaket) enthält Module zu Picking-Linien, bei denen die Saiten nach Aufschlägen, Abschlägen und gemischten Anschlägen gewechselt werden, um dir zu helfen, die jeweiligen Herausforderungen zu meistern.

Kapitel Acht: Das Speed Practice System

Nun werden deine Fähigkeiten und dein Timing getestet und gefördert, um deine Höchstgeschwindigkeit zu steigern und den Komfort zu erhöhen, den du an deinen derzeitigen Grenzen empfindest. Mit diesem System solltest du sogar innerhalb einer einzigen Sitzung Ergebnisse sehen können.

Ich werde dir die Übungen nennen, die ich in meiner Entwicklung verwendet habe, und dir genau sagen, wie du sie ausprobieren kannst. Diese Übungen entsprechen nicht der hohen Kunst des musikalischen Ausdrucks, aber wie in der Einleitung zu diesem Abschnitt erwähnt, ist Geschwindigkeit ein Thema, das man gesondert behandeln sollte. Die Musik findet da statt, wo du sie nach Belieben einsetzen kannst.

Nachdem ich das System aufgeschlüsselt habe, erkläre ich, wie man es auf andere Dinge, die man vielleicht spielt, anwenden kann.

Der beste Weg, das Trainingssystem zu verstehen, ist der Vergleich von gleichmäßigem Ausdauertraining mit hochintensivem Intervalltraining (HIIT).

Beim gleichmäßigen Ausdauertraining wird eine Übung über einen längeren Zeitraum mit gleichbleibender Intensität durchgeführt. HIIT-Workouts sind kürzer, bei denen intensive Trainingseinheiten mit intermittierenden Pausen durchgeführt werden - der Körper wird in kleinen Intervallen mit abwechselnden Ruhephasen stark beansprucht.

Der Körper kann das HIIT-Niveau nicht so lange aufrechterhalten wie ein gleichmäßiges Ausdauertraining, aber einige Studien halten HIIT für bis zu neunmal effektiver für die Fettverbrennung.

Bei diesem System geht es nicht darum, zu sehen, wie viele Burpees du in sechzig Sekunden schaffst, bevor du eine dreißigsekündige Pause einlegst. Es geht jedoch darum, dein aktuelles Limit stoßweise zu überschreiten und deinen Nerven einige kurze Pausen zu gönnen.

Mein Prozess basiert auf dem Konzept des modifizierten Übens - der Idee, dass man eine Fähigkeit nicht dadurch verbessert, dass man sie endlos wiederholt, sondern indem man Modifikationen erfindet, die die ursprüngliche Idee stärker in das Muskelgedächtnis einbindet.

Bevor du fortfährst, solltest du ein paar Dinge bedenken:

- Du musst die Übungen erst lernen, bevor du sie beschleunigst. Was man nicht kennt, kann man nicht beherrschen. Die gute Nachricht ist, dass sie alle konzeptionell einfach sind

- Geschwindigkeit ist relativ zu deinen eigenen Zielen und Fähigkeiten. Ich werde dir nicht sagen, dass Tempo X langsam ist und Tempo Y besser ist. Dieses System arbeitet mit Prozentsätzen, so dass du es auf jedem Niveau anwenden kannst

- Selbsterkenntnis ist dein bester Freund bei diesem Thema. Sei ehrlich zu dir selbst, wenn du hörst, wie die Dinge klingen

- Es wird ein bisschen chaotisch werden. Um Fähigkeiten in neue Bereiche zu bringen, müssen sie herausgefordert werden. Bei diesem System ist ein gewisses Maß an Fehlern erlaubt, das ich in Kürze näher erläutern werde

- Spiele niemals mit Schmerzen. Lass es einfach. Schmerzen kann man nicht überspielen. Lass dich behandeln oder nimm dir sogar eine Auszeit, wenn du Probleme bekommst.

Zip-Dateien für dein Gedächtnis

Die Beispiele für die Entwicklung der Geschwindigkeit bestehen aus kurzen, wiederholten Einheiten, in vielen Fällen vier oder sechs Noten.

Wenn du einen Satz gelernt hast, kann dein Gehirn Informationen schneller und effizienter verarbeiten, wenn Gruppen von Noten als ein einziges Stück Information gespeichert und verarbeitet werden. Stelle dir das wie Zip-Dateien für Ihr Gedächtnis vor - kompakt und als Einheit zu bewegen.

Wenn also ein Takt mit sechzehn Noten dieselbe vierstimmige Phrase enthält, die viermal wiederholt wird, denke eher an vier Blöcke oder Abschnitte als an sechzehn einzelne Informationen. Konzentriere dich darauf, jeden Block jedes Mal genau an der richtigen Stelle zu timen, und nutze den Rest deiner Gehirnleistung, um Dinge wie Ton, Anschlag, Timing usw. zu berücksichtigen.

In der kognitiven Psychologie und den Neurowissenschaften wird der Prozess der Verdichtung von Informationen auf diese Weise als *Chunking* (Unterteilung in Blöcke, Stücke) bezeichnet. Das Denken in größeren Blöcken ermöglicht eine schnellere Verarbeitung, so wie die Ordner einer Zip-Datei für die einfache Online-Bereitstellung optimiert sind.

Bei vielen Beispielen in diesem Buch hast du das wahrscheinlich schon getan, ohne es zu wissen. Bei den Übungen geht es weniger darum, sich einzelne Noten zu merken, sondern vielmehr darum, zu kontrollieren, wie alle Teile zusammenkommen.

Wenn du die einzelnen Bestandteile eines Licks gelernt, sie zu Blöcken zusammengefügt und dann geübt hast, die Blöcke miteinander zu verbinden, wirst du beim Spielen der Licks ein Gefühl der Autonomie verspüren. Die Leute nennen das „Muskelgedächtnis", aber das ist auch eine ökonomische Arbeitsweise des Gehirns.

Da du nun weißt, wie du schneller denken kannst, folge nun den Schritten, die wir verwenden, um schneller *zu spielen*.

Das Speed Practice System umfasst fünf Stufen (und optional eine sechste):

1. Bestimme deine derzeitige Höchstgeschwindigkeit bei einer gleichmäßigen Wiederholung des Licks

2. Verwandle das Lick in ein Intervall-Lick mit Pausen

3. Beschleunige das Intervall-Lick um einen bestimmten Prozentsatz für Beschleunigungs-Übungen

4. Erhöhe das Tempo (Stufe 4.1), dann noch einmal (Stufe 4.2) und eventuell noch einmal (Stufe 4.3)

5. Kehre zu dem in Phase 3 verwendeten Tempo zurück und versuche, es als deine neue Höchstgeschwindigkeit zu etablieren.

6. Wende Übertreibungsmodifikationen auf den Stufen 1-5 an, wenn möglich

Finde deine kontinuierliche Höchstgeschwindigkeit

Im Sinne des Systems ist deine derzeitige Höchstgeschwindigkeit das Tempo, mit dem du mindestens vier Takte lang exakte Wiederholungen durchführen kannst, ohne aus dem Takt zu kommen oder schlampig zu werden. Über- oder unterschätze diese Zahl nicht, denn sie ist wichtig für das Funktionieren des Prozesses.

Um deine kontinuierliche Höchstgeschwindigkeit (nennen wir sie von nun an CTS für „Continuous Top Speed") zu finden, wiederhole die Übung in einem angenehmen Tempo, wobei du einige Takte lang bis an deine Grenze beschleunigst. Arbeite noch nicht mit dem Metronom, da du zu diesem frühen Zeitpunkt keine Ermüdung durch Wiederholungen riskieren willst.

Wenn du denkst, dass du die Grenze gefunden hast - den höchsten Punkt, an dem du es zusammenhalten kannst ohne schlampig und unsynchron zu werden -, finde heraus, welches Tempo dein Metronom anzeigt.

Um deine CTS zu bestätigen, spiele etwa zehn Sekunden lang ununterbrochen in dem von dir eingestellten Tempo. Wenn du das Gefühl hast, dass du dich zurückhältst, stelle das Metronom etwas schneller ein. Verringere das Tempo, wenn es sich so anfühlt, als würdest du vortäuschen, mit dem Klick Schritt zu halten. Das ist deine bestätigte CTS.

Verfolgen wir den Prozess anhand der folgenden Beispiele.

In der ersten Übungsreihe wird das Alternate Picking verwendet, da es eine beliebte Grundtechnik für die Gitarre ist. Später werde ich auf andere Techniken eingehen und darauf, wie man diesen Ansatz auf sie anwenden kann.

Anwendung: Einzelne Saiten

Die erste Übung ist ein 1-2-3-4 chromatisches Tonleiterfragment mit jedem Finger. Das Ziel ist es, die Geschwindigkeit der Spielhand zu erhöhen und gleichzeitig mit der Greifhand eine Note pro Anschlag beizubehalten.

Nach einer angemessenen Aufwärmphase (in Abschnitt eins findest du dazu reichlich Material) ist es an der Zeit, deine CTS anhand der vorherigen Schritte zu bestimmen. Spiele mit den vier Fingern der Greifhand die Bünde 7, 8, 9 und 10 der B-Saite in Wiederholung.

Ermittle das Höchsttempo mit dem Metronom und überprüfe dann deine CTS, indem du Beispiel 8a zum Klick spielst. Am Ende von Takt zwei ist eine Pause eingefügt, um sicherzustellen, dass die Ermüdung dich nicht ausbremst.

Wenn du nicht mit einer Gesamtgenauigkeit von neunzig bis fünfundneunzig Prozent spielst, hast du deine CTS möglicherweise überschätzt. Verringere die Schlagzahl des Metronoms um ein paar Klicks und versuche es erneut.

Beispiel 8a:

Da du nun ein Anfangstempo hast, arbeite die Schritte des Systems durch.

In der zweiten Phase modifizierst du die Übung so, dass du zwischen Picking und Pausen abwechselst. Du kannst mit längeren Pausen beginnen, wie in den Takten eins, zwei und vier, oder die Häufigkeit der Phrase erhöhen, wie in Takt drei.

Es wurden Akzente hinzugefügt, um zu betonen, wie wichtig es ist, die „Blöcke" im Beat zu verankern.

Beispiel 8b:

Für die Stufen drei und vier erhöhst du die ursprüngliche CTS um jeweils zehn Prozent. Multipliziere jedes Tempo mit 1,1, um die nächste Zahl zu erhalten.

Wenn deine CTS in Beispiel 8a 125 bpm betrug, bedeutet Stufe drei in Beispiel 8b 138 bpm.

Spiele Beispiel 8b im neuen Tempo achtmal hintereinander (d.h. zweiunddreißig Takte), wobei du die Pausen nutzt, um deine Hände zu entlasten. Beginne jeden Takt genau zum richtigen Zeitpunkt. Beginne nicht zu früh, nur um das Metronom zu überlisten.

Für die vierte Stufe fügst du jedes Mal weitere zehn Prozent zum kumulativen Tempo hinzu. Bei unserem Beispiel mit einer CTS von 125 bpm und dem Tempo der dritten Stufe von 138 bpm geht das Metronom auf 151 bpm und dann auf 166 bpm.

Wenn du die vierte Stufe nicht mit einer Erfolgsquote von mindestens achtzig Prozent spielst, nutze die kurzen Pausen, um dir selbst zu sagen, worauf du dich stärker konzentrieren musst. Zum Beispiel: „Achte darauf, dass der dritte Finger auf der dritten 1/16-Note landet."

Je mehr korrekte Wiederholungen du durchführst, desto besser werden die Gewohnheiten, die du aufbaust. Es ist ein schmaler Grat zwischen dem Korrigieren von Fehler bei höheren Geschwindigkeiten und der bloßen Verstärkung von Fehlern durch Wiederholungen. Arbeite gewissenhaft, und dein Körper wird versuchen, einen Weg zu finden, Probleme zu lösen, solange du nicht die Augen davor verschließt.

Wenn du eine weitere Temposteigerung (Stufe 4.3) aus diesem Prozess herausholen kannst, hast du vielleicht deine ursprüngliche CTS unterschätzt oder hast dich zu Beginn nicht gründlich aufgewärmt. Oder du bist einfach nur fantastisch, weil du in einer einzigen Übungsstunde sechsundvierzig Prozent über deiner ursprünglichen CTS liegst!

Um zu sehen, ob du durch die heutige Arbeit an Geschwindigkeit gewonnen hast, teste Beispiel 8a in dem Tempo, das du zuerst für Beispiel 8b verwendet hast. Dies ist die fünfte Stufe des Prozesses.

Wenn du Fortschritte gemacht hast, herzlichen Glückwunsch! Stelle dir vor, was möglich sein wird, wenn du dies zu einem regelmäßigen Bestandteil deines Trainings machst. Wenn nicht, verbringe mehr Zeit mit einem der höheren Tempi und überprüfe dich erneut.

Wenn du die Übung morgen wiederholst, bestimme deine CTS von Grund auf neu und befolge die Schritte erneut. Bei den Beispielen für den Saitenwechsel füge ich der Übung eine sechste Stufe hinzu.

Im Folgenden findest du einige Beispielschritte, die es dir erleichtern, diesen Prozess ohne Taschenrechner zu durchlaufen.

CTS (bpm)	Stufe 3	Stufe 4.1	Stufe 4.2	Stufe 4.3	Neue CTS
80	88	97	106	117	88
95	104	115	126	139	104
110	121	133	146	161	121
125	138	151	166	183	138
140	154	169	186	205	154
160	176	194	213	234	176

Nachdem du nun den Prozess verstanden hast, lass uns mit weiteren Übungen fortfahren.

Beispiel 8c ist eine auf- und absteigende Positionsverschiebungsübung. Du musst nicht nur die Greifhand, sondern auch die Slides synchronisieren.

Beispiel 8c:

Für die gesteigerte Version verwende diese Variante. Die Takte eins und zwei isolieren die aufsteigenden und absteigenden Teile, während die Takte drei und vier sie in Intervallen kombinieren.

Sei nicht besorgt, wenn deine CTS niedriger ist als im vorherigen Beispiel, da der Schwierigkeitsgrad höher ist. Jedes Lick muss als ein Projekt für sich behandelt werden, mit dem Gesamtziel, die allgemeine Geschwindigkeit zu erhöhen.

Beispiel 8d:

Für Sechser-Gruppen auf Einzelsaiten gibt es einen dreistimmigen Fingersatz, der sich diatonisch die G-Saite auf und ab bewegt.

Beispiel 8e:

Mit Ausbrüchen und Pausen können wir eine Version wie diese ausprobieren.

Beispiel 8f:

Die Beispiele 8g und 8h sind die absteigenden Versionen der beiden vorherigen Beispiele.

Beispiel 8g:

Beispiel 8h:

Um die Positionsverschiebungsübungen in Beispiel 8c melodisch zu nutzen, hier eine Sequenz in harmonisch Moll auf der hohen E-Saite (Beispiel 8i), gefolgt von einer Intervall-Übungsvariante (Beispiel 8j).

Beispiel 8i:

Beispiel 8j:

Wenn du mehr Ruhezeit in deinen Intervallen benötigst, kannst du die Beispiele für die Ausbrüche wie folgt abändern.

Beispiel 8k:

Das Huhn und das Ei der „kleinen Bewegungen"

Manchmal wird behauptet, dass man mit einer kleinen Bewegung beginnen muss, um schnell zu picken. Ich würde dem widersprechen und behaupten, dass eine kleine Bewegung zwar ein großartiger visueller Indikator dafür ist, dass ein Spieler seinen Prozess so weit verfeinert hat, dass die Bewegung weniger sichtbar ist, aber die Verfeinerung ist ein Produkt der erworbenen Geschwindigkeit - nicht umgekehrt.

Wenn neue Spieler sich zu sehr damit beschäftigen, wie ihre Bewegung aussieht, anstatt ihre potenzielle Geschwindigkeit zu erforschen, führt dies zu einer längeren Phase, in der der Spieler darüber nachdenkt, wie alles funktionieren *sollte*, ohne zu wissen, ob es das auch tut. Stattdessen erreicht man eine höhere Geschwindigkeit, indem man die Geschwindigkeit überprüft.

In den meisten Situationen ist die Technik, die funktioniert, auch die richtige. Wenn deine Plektrum-Anschläge als 1/16-Noten bei 220 bpm herausfliegen, hat dein Picking keine andere Wahl, als das Fett der überschüssigen Bewegung abzubauen. Vertraue dem Prozess und werde erst einmal schnell und schau dann, welche weiteren Verbesserungen du vornehmen kannst.

Anwendung: Saitenwechsel

Saitenwechsel-Licks können nicht nur von den ersten fünf Stufen des Speed Practice Systems profitieren, sondern auch von einer zusätzlichen Übertreibungsstufe.

Hier eine Übung im Paul-Gilbert-Stil auf der D- und G-Saite, bei der der Saitenwechsel von außen gepickt wird.

Beispiel 81:

Bestimmen deine CTS für das obige Lick und versuche dann diese Variante für die Phasen der kurzen Ausbrüche.

Beispiel 8m:

Nach Abschluss der fünften Stufe des Übungssystems kann die vorangegangene Übung mit Saitensprüngen als sechste Stufe mit Sprüngen und Temposteigerungen übertrieben werden. Sei nicht besorgt, wenn Beispiel 8n viel schwieriger und langsamer ist als Beispiel 8m, da der Saitenabstand jetzt verdoppelt wurde.

Kümmere dich auch nicht zu sehr um die Nebengeräusche der Saiten. Das Ziel ist es, diese Saitenwechsel rechtzeitig vorzunehmen und dann die Übertreibung zu nutzen, um Beispiel 8l einfacher und schneller zu machen.

Beispiel 8n:

Weiter geht es mit einem Sextolen-Lick in zwei Oktaven, das mit einem Abwärtsschlag für jede Sechs beginnt.

Beispiel 8o:

Um die Übertreibung von Anfang an in die Ausbruch-Phasen einzubauen, versuche diese Version für die Schritte der Übungsroutine.

Du wirst an zahlreichen Saiten vorbeigehen, um die größeren Sprünge zu machen, aber konzentriere dich einfach darauf, die Saitenwechsel zu vollziehen.

Beispiel 8p:

Um die Beispiele 8l bis 8p in Inside-Picking-Übungen umzuwandeln, kehre die Anschläge um und arbeite mit ihnen durch die Routine. Du kannst sie auch als Legato- und Picking-Übungen verwenden, indem du nur die erste Note jeder Saite anschlägst.

Wenden wir uns nun dem Economy Picking für die Beispiele 8q und 8r zu. Hier ist eine gleichmäßige Übung mit gesweepten Saitenwechseln.

Beispiel 8q:

Und das ergibt natürlich folgende Intervallübung:

Beispiel 8r:

Um ein Trainingsprogramm zum Aufbau der Geschwindigkeit zu erstellen, wie ich es beschrieben habe, gehe wie folgt vor:

- Wärmen dich korrekt auf, indem du Material aus dem ersten Abschnitt oder anderes Material verwendest, an dem du gerade arbeitest

- Wähle drei Übungen aus diesem Kapitel

- Bestimme die erste CTS

- Arbeite dich durch die Beschleunigungs- und Stoßphasen des Prozesses, wobei du für jedes Tempo so viel (aber nicht mehr) Zeit aufwendest, wie du benötigst. Acht gute Wiederholungen zeigen dir, ob du bereit bist, weiterzumachen, oder ob du noch weiter arbeiten musst.

- Wiederhole die Routine für die beiden anderen ausgewählten Übungen

- Notiere am Ende der Sitzung deine neue CTS für jedes Lick

- Wähle am nächsten Tag neue Übungen aus oder teste, wie schnell du den heutigen Stoff in der nächsten Sitzung bewältigen kannst

- Sieh dir an, welche anderen Licks du durch dieses System laufen lassen kannst, egal ob es sich um andere Techniken, deine eigenen Licks oder Teile von Solos handelt, an denen du arbeitest

Andere Strategien zum Üben von Geschwindigkeit

Mein Speed Practice System ist nicht der einzige Weg, um mehr Geschwindigkeit zu erreichen und sich in gemessenen Stößen zu pushen.

„Double-Speed Bursts" und „Subdivision Bursts" sind zwei weitere Strategien, mit denen ich als Spieler und Lehrer Erfolg hatte. Sie eignen sich besonders gut, um die Spieltechniken in gutem Zustand zu halten, wenn die Übungszeit ein Problem ist.

Double-Speed-Bursts kombinieren langsames und gleichmäßiges Arbeiten für die Synchronisation und schnelle Läufe für mehr Geschwindigkeit.

Die Idee ist, etwas mit einer bestimmten Unterteilung zu spielen und sich darauf zu konzentrieren, den Klang und das Timing des Drills zu perfektionieren, dann die Unterteilungen für eine Strecke zu halbieren und den Eindruck zu erwecken, dass sich das Tempo verdoppelt hat.

Dieser Ansatz bietet einen großen Kontrast zwischen dem, was du bei langsamer und schneller Geschwindigkeit tust.

Beispiel 8s ist ein Alternate-Picking-Muster auf drei Saiten, das von 1/8-Noten zu 1/16-Noten wechselt. Wähle ein Tempo, das dich herausfordert. Wenn deine CTS für Takt drei z. B. 180 bpm beträgt, spielst du das ganze Lick mit 190 bpm oder mehr, damit du durch die 1/16-Noten-Ausbrüche ein neues Niveau erreichst.

Für zusätzliche Arbeit kannst du auch eine Legato- oder Economy-Picking-Übung daraus machen.

Beispiel 8s:

Beispiel 8t wählt den Burst-Ansatz mit einem Loop aus drei „absteigenden Vierern" und einer aufsteigenden Gruppe.

Beispiel 8t:

Für die Übung des Sweep Picking Burst verwendet Beispiel 8u einen F-Dur-Dreiklang mit einer zusätzlichen B-Note auf der hohen E-Saite und einer D-Note auf der G-Saite (beide im 7. Bund).

Beispiel 8u:

Subdivision Bursts verwende ich für eine subtilere Geschwindigkeitserhöhung als beim Double-Speed Burst.

Wiederholungsmuster werden in rhythmischen Viergruppen gespielt und dann zu Sechsergruppen beschleunigt. In Beispiel 8v wird ein sechstöniges Muster zweimal über die Schläge 1, 2 und 3 gespielt, bevor Schlag 4 in Sextolen gespielt wird.

Ein Sextolen-Stoß entspricht in diesem Szenario einer fünfzigprozentigen Geschwindigkeitssteigerung und ist somit eine gute Möglichkeit, deine kontinuierliche Höchstgeschwindigkeit (CTS) zu testen.

Beispiel 8v:

In den Beispielen 8w und 8x treten die beiden Unterteilungen zu gleichen Teilen auf. Da die Sextolen weniger Schläge benötigen als die 1/16-Noten-Versionen, wechseln die Takte zwischen 3/4- und 2/4-Takt.

Beispiel 8w ist ein alternierendes Picking-Pattern „aufsteigende Vierer", während Beispiel 8x ein Economy-Picking verwendet, um ein A-Moll-7-Arpeggio auf- und abwärts zu spielen.

Beispiel 8w:

Beispiel 8x:

Die Wissenschaft der modifizierten Praxis

Das Modifizieren von Übungen, wie wir es in diesem Buch oft getan haben, dient nicht nur dazu, dich auf verschiedenen Saiten spielen zu lassen oder die Dinge interessanter zu machen. Es steckt tatsächlich eine gewisse Wissenschaft dahinter, Variationen und Permutationen einzusetzen, um deine Technik zu verbessern.

Laut einer Studie, die von Forschern der John Hopkins University School of Medicine durchgeführt wurde, kann die Veränderung von Aufgaben während wiederholungsbasierter Übungseinheiten die Zeit, die für die Beherrschung einer Fertigkeit benötigt wird, im Vergleich zu einer immer gleichen Wiederholung reduzieren.

In der Studie wurde sechsundachtzig Freiwilligen eine computergestützte motorische Fähigkeit zum Erlernen zugewiesen. Die Teilnehmer, die eine modifizierte Übungsroutine verwendeten, schnitten im zweiten Test besser ab als im ersten.

Die Ergebnisse unterstützen die Idee der Rekonsolidierung, bei der Erinnerungen abgerufen und mit neuen Informationen ergänzt werden, um die motorischen Fähigkeiten zu verbessern.

Der Hauptautor der Studie, Dr. Pablo Celnik, konstatiert:

„Wir haben herausgefunden, dass man mehr und schneller lernt, wenn man eine leicht abgewandelte Version einer Aufgabe übt, die man beherrschen möchte, als wenn man dieselbe Sache mehrmals hintereinander übt."

„Unsere Ergebnisse sind wichtig, weil bisher wenig darüber bekannt war, wie die Rekonsolidierung im Zusammenhang mit der Entwicklung motorischer Fähigkeiten funktioniert. Dies zeigt, wie einfache

Manipulationen während des Trainings aufgrund der Rekonsolidierung zu schnelleren und größeren Fortschritten bei den motorischen Fähigkeiten führen können", so Celnik.

„Das Ziel ist es, neuartige Verhaltensmaßnahmen und Trainingspläne zu entwickeln, die bei gleichem Übungsaufwand zu mehr Verbesserungen führen."

(Quelle: Zeitschrift *Current Biology*, 28. Januar 2016).

Um bessere, effektivere Übungsroutinen aus dem Material in diesem Buch und aus jedem Bereich, an dem du arbeitest, zu entwickeln, solltest du die Anzahl der Aufgaben, die du dir in einer Sitzung stellst, reduzieren, aber die Anzahl der Variationen in einer Übungseinheit erhöhen.

Drei Übungen und drei Variationen jeder Übung führen wahrscheinlich schneller zu dauerhaften Ergebnissen als neun oder zehn Übungen, die jedes Mal auf die gleiche Weise wiederholt werden.

Schau dir an, welche neuen Informationen du mit Hilfe des LIE-Konzepts, der Permutationen und des in diesem Kapitel beschriebenen Systems für Schnelligkeitsübungen zu den Übungen hinzufügen kannst.

Im nächsten Kapitel bringe ich dir einige meiner liebsten Speed-Licks bei, mit denen du deine Ausdauer steigern kannst.

Kapitel Neun: Schnelligkeits- und Ausdauerübungen

Die Aufrechterhaltung eines schnellen Spiels über längere Phrasen hinweg ist das Ergebnis des Zusammenspiels von Geschwindigkeit, Synchronisation und nachhaltigen Spielgewohnheiten.

Diese abschließenden Übungen dienen dazu, deine harte Arbeit auf musikalische Phrasen anzuwenden und dir einige Tempoziele zu geben.

Diese viertaktigen Licks haben eine Notendichte, die an Al Di Meola, Paul Gilbert und John Petrucci erinnert. Auch wenn das nicht die stilistische Richtung ist, in der du spielst, ist es dennoch eine gute Übung für die Geschwindigkeit, so wie Geiger Auszüge aus Kreutzer und Paganini verwenden, um an ihren Fähigkeiten zu feilen.

Der Audio-Download enthält Backing-Tracks in zwei Geschwindigkeiten für jedes dieser Beispiele. Wie bei den anderen Tracks gebe ich zu Beginn jedes Durchlaufs das Tempo an.

Beispiel 9a enthält das Konzept des Sextolen-Bursts aus Kapitel 8. In den Takten eins und drei wird dasselbe melodische Motiv in verschiedenen Positionen verwendet, während in den Takten zwei und vier die umgekehrte Sequenz in ihren jeweiligen Positionen verwendet wird.

Beispiel 9a:

Beispiel 9b wird über einen statischen F-Akkord gespielt, um einen F-lydischen Klang zu erzeugen, und verwendet Unterteilungen und Saitensprünge, um sowohl musikalische als auch mechanische Übertreibungen zu nutzen.

Ich verwende eine starke Dämpfung auf dem Audiobeispiel, um dynamische Variationen an den angegebenen Stellen zu erzeugen. Du kannst die notierten Spielanweisungen befolgen oder laut und mit Überzeugung über das ganze Beispiel hinweg spielen.

Beispiel 9b:

Beispiel 9c ist auf einem Vier-Noten-Motiv aufgebaut, bei dem die höchste Note jedes Abschnitts zwischen den anderen Noten wiederholt wird, um einen Pedalpunkt zu setzen.

Die Phrase über dem E-Akkord in den Takten eins und zwei leiht sich die Noten F# und G# aus der melodischen Molltonleiter in A (A B C D E F# G#), und nur die Note G# aus der harmonischen Molltonleiter in A in Takt vier.

Pedalton-Licks können sehr gut für die Ausdauer sein, vor allem, wenn man den kleinen Finger so oft einsetzt wie hier.

Beispiel 9c:

Beispiel 9d enthält ein Motiv mit acht Noten: zwei Noten auf der ersten Saite jeder Gruppe und sechs Noten auf der darunter liegenden Saite.

In zweitaktigen Intervallen bewegt sich das Motiv passend zum darunter liegenden Akkord.

Überprüfe den Fingersatz, mit dem jeder neue Durchgang beginnt, um sicherzustellen, dass du an der besten Stelle bist, um jede Phrase zu vollenden.

Beispiel 9d:

Die Takte eins, zwei und vier der nächsten Übung enthalten Vierzehnnotengruppen. Die vierzehn Noten kann man sich als acht- und sechstönige Ideen vorstellen, die miteinander verbunden sind, aber rhythmisch wird jede Gruppe im Raum von sechzehn 1/32tel Noten gespielt.

Um ein Zeitgefühl für die Vierzehnergruppen zu entwickeln, beginne mit dem Erlernen des ersten Taktes in freier Zeit. Dann klopfe mit dem Fuß die Schläge 1 und 3 mit, während du ihn mit gleichmäßigem Picking wiederholst. So lernt dein Gehirn, wie jede Gruppe mit zwei Schlägen des Taktes interagiert.

Viele Top-Shredder haben dieses Gespür dafür entwickelt, ungewöhnlich viele Noten in Takte zu packen, ohne dass es unbeholfen oder ungleichmäßig klingt. Wenn du alles mit Selbstvertrauen spielst, kannst du es auch schaffen!

Für dieses Beispiel werden die Anschläge weggelassen. Um an den äußeren Alternate-Picking-Saitenwechseln zu arbeiten, beginne mit einem Abwärtsschlag und bleibe durchgehend beim Alternate Picking.

Um den Saitenwechsel beim Inside Picking zu üben, beginne mit einem Aufwärtsschlag.

Beispiel 9e:

Das Spielen von 1/16-Noten in melodischen Zehnergruppen ist ziemlich ungewöhnlich, aber dieses Lick ist eine mitreißende Shred-Linie, die auf Skalen mit vier Noten pro Saite zurückgreift, die ebenfalls nicht so häufig vorkommen.

Konzentriere dich auf die ersten zehn Noten im ersten Takt, präge dir die Reihenfolge der Noten ein und führe den Positionsslide mit gutem Timing aus.

Schau dir den Rest des Licks an, wenn du die Phrase auswendig gelernt hast. Du wirst sehen, dass die Phrase überall wiederholt wird, aber so verändert wird, dass sie in der Tonart bleibt.

Mit einem Half-Time-Feeling auf dem Schlagzeug im Backing-Track kommt die Linie als 1/32tel Noten rüber, mit großem Effekt!

Beispiel 9f:

Das Beispiel 9g endet mit einer Flut von Sextolengruppen, die an Paul Gilbert erinnern.

Beginne mit einem Aufwärtsschlag, um das äußere Picking zu üben, oder mit einem Abwärtsschlag für das innere Picking und fahre von dort aus mit strengem Alternate Picking fort.

Beispiel 9g:

Wenn einige Aspekte der Licks in diesem Kapitel Stolpersteine waren, d. h. schwieriger als der Rest des Licks, versuche, das Problem zu isolieren, suche nach ähnlichen Übungen an anderer Stelle im Buch, oder verwende das System für Geschwindigkeitsübungen in Kapitel 8, um das Problem mit Intervalltraining auszubügeln.

Abschnitt Zwei Zusammenfassung

Lass uns einen kurzen Blick auf alles werfen, was in diesem Abschnitt behandelt wurde. Mit Hilfe der Kapitel sieben, acht und neun hast du nun Verfahren für:

- Eine ergonomische Körperhaltung und Positionierung der Gitarre

- Minimierung des Drucks der Greifhand

- Verringerung der Anspannung in der Spielhand

- Verbesserung der Unabhängigkeit der Hände

- Verdichtung von Informationen zu Blöcken, damit dein Gehirn sie schneller verarbeiten kann

- Ermitteln der aktuellen Höchstgeschwindigkeit eines Licks

- Rekonfiguration von Übungen, um in Bursts zu üben

- Mit dem Metronom auf eine neue Art üben

- Mit Intervalltraining neue Höchstgeschwindigkeiten erreichen

- Längere Geschwindigkeitslinien für die Ausdauer spielen

Entwickle bei der Wiederholung der Kapitel in diesem Abschnitt eine gute Einstellung zur Geschwindigkeit, indem du gute Gewohnheiten, Übungsroutinen und Analysen in dein tägliches Programm aufnimmst.

Behandle Geschwindigkeit als ein Thema deiner Praxis und nicht nur als ein Nebenprodukt!

Fazit

Ich hoffe, du konntest dieses Buch als großartige Ressource und Anleitung zur Verbesserung deiner Synchronisation und Geschwindigkeit nutzen.

Es gibt genug Material, um dich für eine lange Zeit zu beschäftigen, also gehe methodisch vor.

Ich ermutige dich, dir Notizen darüber zu machen, was an deinem Spiel verbessert werden muss, und dann eine Lösung zu finden. Was sind die Schwachstellen? Erkennst du ein Thema bei den Stolpersteinen?

Versuche, eine Liste mit drei Spalten zu erstellen, die mit „Problem", „Ursache" und „Lösung" überschrieben sind. Ich habe festgestellt, dass dieses Verfahren hilfreich ist, wenn es darum geht, Durchbrüche zu erzielen.

Deine Liste könnte zum Beispiel lauten:

Problem	Ursache	Lösung
Der dritte und vierte Finger bewegen sich ständig zusammen	Nicht genug Unabhängigkeit	Arbeit an den 24 Permutationen in Kapitel zwei
Spannung in der Spielhand	Plektrumgriff ist zu fest	Überprüfe den Griff und halte es fest, aber nicht verkrampft
Stolpern beim Saitenwechsel	Outside Picking ist übereilt und schlampig	Verwende den LIE-Ansatz, um den Saitenwechsel durch Wiederholungen oder Überspringen von Saiten zu isolieren und zu verstärken.
Ich kriege kein Lick auf Tempo	Ich übe weiter in einem mittleren Tempo	Erarbeite eine „Intervall"-Version des Licks und arbeite mit höherem Tempo daran.

Wenn du lösungsorientiert an alles herangehst, kannst du vielleicht alles erreichen.

Nimm mit den in diesem Buch entwickelten Werkzeugen andere Spieler unter die Lupe. Schau dir die musikalischen Linien an, isoliere Teile ihrer Soli und verwandle sie in Übungen oder Etüden.

Multipliziere die Ideen, die mit deiner Technik gut funktionieren, mit so vielen musikalischen Anwendungen wie möglich. Transponiere deine besten Licks in verschiedene Tonarten und Modi. Erstelle einen Katalog mit deinen eigenen Licks und verwende sie in echter Musik, um ihre Praxistauglichkeit zu untermauern.

Vielen Dank, dass du mir das Vertrauen geschenkt hast, dein Ratgeber zu sein. Ich hoffe, dieses Buch hat dazu beigetragen, dass du ein besserer Spieler geworden bist!

Chris.

Weitere Bücher von Chris Brooks

(Teils auch auf deutsch erhältlich)

100 Arpeggio Licks for Shred Guitar

Advanced Arpeggio Soloing for Guitar

Alternate Picking Guitar Technique

Chris Brooks 3-in-1 Picking Tapping Guitar Technique Collection

Economy Picking Guitar Technique

Legato Guitar Technique Mastery

Neoclassical Speed Strategies for Guitar

Rock Guitar Tapping Technique

Sweep Picking Speed Strategies for Guitar

Sweep Picking Strategies for 7-String Guitar

The Complete Guitar Technique Speed Strategies Collection

Über 350 kostenlose Gitarrenlektionen mit Videos findest du hier:

www.fundamental-changes.com

Tritt unserer kostenlosen Facebook-Community von coolen Musikern bei

www.facebook.com/groups/fundamentalguitar

Markiere uns zum Teilen auf Instagram: **FundamentalChanges**

www.ingramcontent.com/pod-product-compliance
Lightning Source LLC
Chambersburg PA
CBHW081430090426

42740CB00017B/3257